新能源汽车技术百问百答系列

新能源
汽车技术100问

高建平 主编

机械工业出版社

新能源汽车是我国七大战略性新兴产业之一。新能源汽车集成了传统汽车工程、电气工程、化学工程、材料工程以及控制工程等多学科的特点，组成和结构复杂。本书立足从各类新能源汽车技术及应用出发，用问答的形式，介绍了各类新能源汽车的概念和分类、结构及应用、关键技术，内容涵盖了纯电动汽车、插电式混合动力（增程式）电动汽车、燃料电池汽车，以及太阳能汽车、风能汽车、空气动力汽车、新型燃料汽车等其他类型新能源汽车及其关键技术，另外还回答了新能源汽车示范推广及发展趋势等方面问题。希望能为从事新能源汽车的一般技术人员提供一个快速、全面了解新能源汽车技术的途径。

图书在版编目（CIP）数据

新能源汽车技术 100 问 / 高建平主编. —北京：机械工业出版社，2019.3

（新能源汽车技术百问百答系列）

ISBN 978-7-111-61425-8

Ⅰ.①新⋯　Ⅱ.①高⋯　Ⅲ.①新能源 – 汽车 – 问题解答　Ⅳ.①U469.7-44

中国版本图书馆 CIP 数据核字（2018）第 267274 号

机械工业出版社（北京市百万庄大街 22 号　邮政编码 100037）
策划编辑：何士娟　　责任编辑：何士娟
责任校对：肖　琳　　封面设计：马精明
责任印制：张　博
北京铭成印刷有限公司印刷
2019 年 2 月第 1 版第 1 次印刷
169mm×239mm・12.75 印张・240 千字
0001—3000 册
标准书号：ISBN 978-7-111-61425-8
定价：49.90 元

凡购本书，如有缺页、倒页、脱页，由本社发行部调换

电话服务　　　　　　　　　　网络服务
服务咨询热线：010 – 88361066　机 工 官 网：www.cmpbook.com
读者购书热线：010 – 68326294　机 工 官 博：weibo.com/cmp1952
　　　　　　　010 – 88379203　金　书　网：www.golden-book.com
封面无防伪标均为盗版　　　教育服务网：www.cmpedu.com

前　言

能源短缺、环境污染使汽车工业的可持续发展面临困境，节能减排、动力升级推动汽车技术不断创新，以电动汽车为特色的新能源汽车成为主要选择。纯电动汽车、混合动力电动汽车、燃料电池汽车等多种形式的电动汽车技术取得明显进步，电动汽车的市场占有率正逐步提升，将成为21世纪重要的交通工具。

我国已经连续三年位居全球新能源汽车产销第一。无论是从市场增速，还是从产业链成熟度及投资热度等指标衡量，新能源汽车都已经成为近年来我国战略性新兴产业的一道亮丽风景。发展新能源汽车，不仅能有效地缓解诸如大气污染等环保问题，也能有效地改变我国的能源结构，降低对石油的依赖并提高能源利用率。更为重要的是，发展新能源汽车也能有助于我国汽车产业的升级乃至"弯道超车"。可以说，我国正在大力推进新能源汽车的发展，已将其列为《中国制造2025》十大重点发展领域之一。

然而，目前新能源汽车无论是零部件企业、整车企业，还是服务企业，都面临着人才缺乏问题。预计到2020年，节能与新能源汽车人才总量将达85万人，缺口68万人。因此，如何让更多的人了解新能源汽车及其相关技术，从而为进一步深入地学习并发展新能源汽车技术而奠定基础，便变得十分有意义。这也是编者编写此书的初衷。

编者结合自己的研究与教学工作经历，对新能源汽车的概念及一些相关技术知识点进行了提取，以问答的方式进行阐述。本书共10篇，前5篇涉及新能源汽车的发展现状及其分类；第6篇和第7篇所含问题涉及电动汽车的核心技术以及新能源汽车的关键技术；第8篇和第9篇讨论了新能源汽车的基础配套设施以及推广示范情况；第10篇介绍了新能源汽车未来的发展趋势。

本书可作为从事新能源汽车相关领域的工程技术人员、管理人员和科研人员的参考书，也可作为对新能源汽车技术感兴趣的普通读者了解新能源汽车的技术读本。

本书由高建平主编，郗建国、徐振海、孙家辉、丁伟、郑维、陈慧勇、谢群鹏也参与了编写。此外，还参考了许多文献资料，对书中所引参考文献的作者以及由于编者疏漏而没有列入参考文献的作者致以衷心的感谢！

编者

目 录

前言

1 第1章 新能源汽车概述

问题1 汽车能源的发展历程是怎样的？ / 2

问题2 新能源汽车的分类有哪些? / 6

问题3 为什么要发展新能源汽车？ / 7

问题4 国外新能源汽车的发展现状是怎样的？ / 10

问题5 我国新能源汽车的发展现状是怎样的？ / 13

问题6 新能源汽车的技术发展趋势具有哪些特征？ / 16

2 第2章 纯电动汽车

问题7 纯电动汽车的特点是什么？ / 20

问题8 纯电动汽车的驱动形式有哪些？ / 20

问题9 纯电动汽车的车载能源形式有哪些？ / 24

问题10 纯电动汽车的性能指标有哪些？ / 27

问题11 纯电动汽车的性能指标是如何评估的？ / 28

问题12 现代纯电动汽车有哪些关键技术？ / 33

3 第3章 插电式混合动力（增程式）电动汽车

问题13 混合动力系统按照混合度是如何分类的？ / 36

问题 14　什么是插电式混合动力电动汽车？／37

问题 15　插电式混合动力电动汽车（PHEV）有什么特点？／37

问题 16　插电式混合动力电动汽车的动力系统有哪些结构？／38

问题 17　插电式混合动力机电耦合系统是什么？／40

问题 18　插电式混合动力机电耦合系统主要有哪些类型？／41

问题 19　插电式混合动力机电耦合系统的原理是什么？／41

问题 20　不同类型的插电式混合动力机电耦合系统有哪些优缺点？／46

问题 21　插电式混合动力汽车主要有哪些工作模式？／47

问题 22　插电式混合动力汽车电量消耗模式的控制策略是怎样的？／48

问题 23　插电式混合动力汽车电量保持模式的控制策略是怎样的？／49

问题 24　什么是增程式电动汽车？／50

问题 25　增程式电动汽车有什么特点？／51

问题 26　增程式电动汽车（E-REV）的动力系统是哪种结构？／52

问题 27　什么是电动汽车的增程器？／53

问题 28　增程器主要有哪些类型？／53

问题 29　增程式电动汽车的控制策略是怎样的？／56

4　第4章　燃料电池汽车

问题 30　燃料电池汽车主要有哪些类型？／63

问题 31　燃料电池汽车的工作原理是什么？／65

问题 32　燃料电池的种类有哪些？／67

问题 33　燃料电池的基本特性是什么？／68

问题 34　质子交换膜燃料电池系统的工作原理是什么？／71

问题 35　质子交换膜燃料电池堆的构成是怎样的？／72

问题 36　质子交换膜燃料电池极板材料有哪些类型？／72

问题 37　燃料电池氢供给系统是怎样的？／74

问题 38　质子交换膜燃料电池的热管理系统的工作原理是什么？／74

问题 39　质子交换膜燃料电池的水管理系统的工作原理是什么？／75

问题 40　质子交换膜燃料电池的氢安全系统的工作原理是什么？／76

第 5 章 其他类型的新能源汽车 / 78

问题 41 什么是太阳能电动汽车？ / 79
问题 42 太阳能光伏发电的原理是什么？ / 79
问题 43 太阳能电池主要有哪些类型？ / 80
问题 44 太阳能电动汽车的结构原理是什么？ / 81
问题 45 太阳能电动汽车的驱动形式有哪些？ / 82
问题 46 太阳能电动汽车的布置方案有哪些？ / 83
问题 47 风能电动汽车的结构是怎样的？ / 84
问题 48 核能电动汽车的结构和工作原理是怎样的？ / 85
问题 49 什么是飞轮电池？ / 85
问题 50 什么是飞轮电池电动汽车？ / 87
问题 51 空气动力汽车的发展现状是什么？ / 87
问题 52 空气动力汽车的工作原理及特点是什么？ / 89
问题 53 什么是重力汽车？ / 91
问题 54 什么是新型燃料汽车？ / 91
问题 55 什么是醇类燃料汽车？ / 92
问题 56 醇类燃料的分类及其主要特性是怎样的？ / 92
问题 57 醇类燃料汽车的发展现状是什么？ / 95
问题 58 什么是生物柴油汽车？ / 96
问题 59 什么是氢燃料汽车？ / 96
问题 60 氢燃料汽车主要有哪些类型？ / 97
问题 61 氢燃料汽车安全吗？ / 99
问题 62 什么是二甲醚汽车？ / 99

第 6 章 电动汽车核心技术

问题 63 电动汽车的动力电池主要有哪些类型？ / 102
问题 64 不同类型的动力电池的主要性能指标有哪些差异？ / 103
问题 65 什么是动力电池管理系统？ / 104

问题 66　动力电池管理系统的关键技术是什么？ / 107
问题 67　超级电容器的分类和结构是怎样的？ / 110
问题 68　什么是超级电容器管理系统？ / 111
问题 69　电动汽车驱动电机主要有哪些类型？ / 113
问题 70　直流电机的结构和特点是什么？ / 114
问题 71　永磁同步电机的结构和特点是什么？ / 115
问题 72　异步电机的结构和特点是什么？ / 117
问题 73　开关磁阻电机的结构和特点是什么？ / 118
问题 74　什么是电动汽车的整车控制器？ / 120
问题 75　什么是电动汽车的整车控制策略？ / 122

第7章　新能源汽车的其他关键技术

问题 76　动力系统匹配的关键技术是什么？ / 125
问题 77　动力系统集成的关键技术是什么？ / 127
问题 78　电动汽车为什么多采用电动助力转向系统（EPS）？ / 129
问题 79　EPS 的主要类型有哪些？ / 130
问题 80　空调系统的制冷方式有哪几种？ / 131
问题 81　什么是电液复合制动系统？ / 134
问题 82　如何保证新能源汽车整车的结构安全？ / 136
问题 83　高压系统的布置要求是什么？ / 138
问题 84　高压安全防护措施有哪些？ / 139
问题 85　整车功能安全技术是什么？ / 139
问题 86　电动汽车涉及哪些电磁兼容问题？ / 140
问题 87　电动汽车的干扰源有哪些？ / 141
问题 88　电动汽车中抑制电磁干扰的技术措施有哪些？ / 142
问题 89　汽车轻量化的实现途径有哪些？ / 143
问题 90　汽车轻量化应用的新材料主要有哪些？ / 144
问题 91　如何进行动力电池的试验评价？ / 146
问题 92　如何进行电机及其控制器的试验评价？ / 147
问题 93　如何进行整车的试验评价？ / 148

第8章 电动汽车与智能电网

问题 94　电动汽车电能供给方式有哪些？/ 153

问题 95　电动汽车整车充电技术是怎样的？/ 153

问题 96　电动汽车充电设备及关键技术有哪些？/ 155

问题 97　电动汽车电池更换技术是怎样的？/ 160

问题 98　充换电设施的分类有哪些？/ 163

问题 99　国内外充换电设施发展现状是怎样的？/ 165

问题 100　我国充换电设施的发展趋势是怎样的？/ 167

问题 101　什么是电动汽车与电网互动技术？/ 168

问题 102　电动汽车与电网互动的关键技术与设备是什么？/ 170

问题 103　电动汽车与电网互动技术发展面临的挑战有哪些？/ 174

第9章 新能源汽车应用

问题 104　新能源汽车的商业模式主要有哪些？/ 178

问题 105　新能源汽车的服务体系主要有哪些？/ 180

第10章 新能源汽车发展趋势

问题 106　新能源汽车的发展趋势是什么？/ 185

参考文献

第 1 章

新能源汽车概述

在现代生活中,汽车已经成为人们生活中必不可少的交通工具。随着汽车工业的不断发展,全球汽车保有量的不断增长,汽车对于能源和环境的深层次影响也逐渐体现。近年来,在各种需求和压力的作用下,新能源汽车作为一种新型环保的交通工具发展很快。

问题1　汽车能源的发展历程是怎样的?

汽车能源发展随着能源时代而变迁,历经燃煤(碳含量90%~98%)、石油(碳含量83%~87%,氢含量11%~14%)、天然气(碳含量75%,氢含量25%),发展到现在提倡的新型能源氢燃料(氢含量100%),整体上是汽车燃料"脱碳加氢"的过程,如图1-1所示。

图1-1　汽车的发展历程

1. 蒸汽机汽车

1765年,英国的詹姆斯·瓦特(James Watt)改良了蒸汽机,并成功地应用于工厂,成为当时几乎所有机器的动力,改变了人们的工作生产方式,极大地推动了技术进步,拉开了工业革命的序幕。

1769年法国陆军工程师、炮兵大尉尼古拉斯·古诺研制出了世界上第一辆蒸汽机驱动的三轮车。如图1-2所示,这辆汽车被命名为"卡布奥雷",利用装在车前部的一个锅炉产生的蒸汽推动气缸中的活塞来驱动前轮行驶,前进时靠前轮控制方向,行驶速度为3.5~3.9km/h。由于试车时转向系统失灵,后来在试车途中撞到石墙上损坏。

1801年，英国工程师里查德·特雷蒂克制成了能够乘8人、车速为9.6km/h的蒸汽汽车。这是世界上第一辆载客蒸汽汽车，但试车时锅炉被烧毁。

1825年，英国哥尔斯瓦底·嘉内公爵制成了一辆蒸汽公共汽车，18座，车速为19km/h。这是世界上第一辆具有营业性质的公共汽车。

1838年，英国发明家亨纳特发明了世界第一台内燃机点火装置，该项发明被世人称为"世界汽车发展史上的一场革命"。蒸汽机汽车从此渐渐退出历史的舞台。

图1-2 第一辆蒸汽机汽车

2. 早期电动汽车

电动汽车最早出现在英国。1834年，英国的布兰顿演示了托马斯·戴文波特（Thomas Davenport）发明的动力电池车。该车采用的是不可充电的玻璃封装动力电池，它比世界上第一部内燃机汽车早了半个世纪。

1881年，法国工程师古斯塔夫·特鲁夫（Gustave Trouve）装配的以铅酸电池为动力的三轮车，是世界上第一辆以可充电电池为动力的电动汽车，如图1-3所示。

1899年，法国人设计制造的子弹头型电动汽车的续驶里程约为290km，并创下了98km/h的速度纪录，这使得法国的电动汽车一直保持着世界电动汽车续驶里程和车速的最高纪录，如图1-4所示。

1912年，美国有34 000辆电动汽车注册。贝克电气公司（Baker）是美国最重要的电动汽车制造商。底特律电气公司（Detroit Electric）生产的电动汽车的最高车速可达40km/h，续驶里程可达129km。

1920年，英国伦敦电动汽车公司生产了后轮轮毂电机、后轮驱动、前轮转向和充气轮胎的电动汽车。

随着科学技术的发展，内燃机汽车关键技术的相继出现，以及经济的发展对长途客货运输的需求,电动汽车续驶里程短、充电时间长等缺陷更加明显。随着内燃机汽车批量化、低成本化的生产,电动汽车遭到市场的淘汰。到 20 世纪 30 年代,电动汽车几乎消失了。

图 1-3　早期的电动汽车　　　　图 1-4　子弹头式的电动赛车

3. 内燃机汽车

1876 年,德国工程师尼古拉斯·奥托试制成功了第一台实用的活塞式四冲程煤气内燃机,这台内燃机被称为奥托内燃机。这是一台单缸卧式、功率为 2.9kW 的煤气机,压缩比为 2.5,转速为 250r/min。

1885 年,"世界汽车之父"卡尔·本茨在德国曼海姆制成了世界上第一辆汽车。这辆汽车在德国注册的汽车专利证,日期是 1886 年 1 月 29 日,专利人为本茨。这一日期,被确认为汽车的诞生日。

1885 年,德国人戈特利布·戴姆勒发明了世界上第一辆四轮汽车,该车由马车改装而成,安装 0.8kW 的汽油机,并增加了转向、传动装置等,最高车速 14.4km/h。所以,有人将本茨和戴姆勒都誉为"现代汽车之父"。

1895 年,法国科学院正式把汽车定名为"Automobile",该词源自希腊文的"Auto"(自动)和拉丁文"mobile"(运动)。

1908 年,美国福特公司推出 T 型车,标志着世界汽车工业革命就此开始。1913 年,福特公司在底特律建成了世界上第一条汽车装配流水线,使 T 型车成为大批量生产的开端,汽车装配时间也从 12.5 小时缩短到 1.5 小时。

20 世纪 60 年代中期,日本进入轿车普及时期。丰田汽车公司推出了独特的、令世界耳目一新的"丰田生产方式"。它是将生产过程的各个环节联系在一起，组成一个完整体系。这一体系从产品计划开始，通过制造的全过程、协作系统的协调一直延伸到用户，被称为"精益生产方式"。

传统内燃机汽车以汽油和柴油为发动机的驱动力，燃料能耗高，汽车尾气排放有氮氧化物、硫化物和二氧化碳等，是造成城市雾霾的主要原因之一。同时，随着全球经济发展，石油在一次能源结构中的比例逐年降低，能源供应呈现多元化和多源化，从而使汽车燃料发展进入替代燃料汽车（以混合动力型汽车为代表）阶段。这是一个比较长的发展时期，燃料种类多，车型也多，可再生能源如生物乙醇、生物柴油、生物丙醇、一次电力等开始进入汽车燃料领域。

汽车燃料的发展不但改变了汽车的运行性能，更重要的是节省了能量，减少了能耗。目前的电动汽车是汽车发展的中间阶段，最终目标是以燃料电池为动力的现代纯电动汽车。

4. 现代电动汽车

现代电动汽车是指主要以动力电池或超级电容为能量源、全部或部分由电机驱动的汽车。通常分为纯电动汽车、插电式（增程式）混合动力电动汽车和燃料电池电动汽车等几类。

2011年，由特斯拉（Tesla）汽车公司制造的全尺寸高性能纯电动轿车Tesla Model S 正式进入量产阶段，在2013年度全球销售量达到22 300辆，是现代纯电动汽车的典型代表。旗下的Roadster纯电动跑车大量采用铝合金制造车身组件，配备有高性能的磷酸铁锂电池和电机，0~100km/h的加速时间只要3.9s，每次充电可行驶400km。

2011年12月，丰田汽车公司推出了第三代插电式的普锐斯混合动力电动汽车，在200V电源下，充电时间为100min。在纯电动模式下，能行驶20km，最高车速为100km/h。在混动模式下，汽油机将起动提供额外动力。其100km的加速时间为11.4s，100km油耗仅为2.2L。

2013年2月，世界上第一辆量产版氢燃料电池电动汽车ix35在现代汽车韩国蔚山工厂正式下线。该车采用了100kW的燃料电池堆为一台功率为100kW的电机提供能量，电机可提供的峰值转矩达到300N·m，百公里加速时间为12.5s，最高车速可达151km/h，续驶里程达594km。储氢罐中可存放5.6kg氢气，也就是每千克氢燃料可支持汽车行驶106km，该车的燃效约为28.6kg/L。

由于电池、电机、电控及其他重要技术的发展，使得现代电动汽车技术发展取得了很大进步，在整车的动力性、续驶里程等方面都完胜于早期的电动汽车。现在电动汽车各方面的性能已能够满足人们的日常需求，具有一定的商业化规模。

目前，新能源汽车是世界各国研究的方向，逐步地在进行能源的"脱碳加氢"。

燃料电池直接将化学能转化为电能，不经过热能这一中间环节，因而效率高。

问题2　新能源汽车的分类有哪些？

1980年，联合国召开的"联合国新能源和可再生能源会议"对新能源的定义为：以新技术和新材料为基础，使传统的可再生能源得到现代化的开发和利用，用取之不尽、周而复始的可再生能源取代资源有限、对环境有污染的化石能源，重点开发太阳能、风能、生物质能、潮汐能、地热能、氢能和核能（原子能）。

新能源汽车乃是相对于传统能源汽车而言的。传统汽车用的能源是化石能源（汽油、柴油、天然气），而新能源汽车是指采用新型动力系统、完全或主要依靠新型能源驱动的汽车。

对新能源汽车的分类方式很多，根据其动力源和最终能量来源进行分类，新能源汽车具体分类方式如图1-5所示。

比如，按照能量源的不同，可将新能源汽车分为电动汽车、新型电动汽车、动势能汽车及新型燃料汽车等。

电动汽车是主要以动力电池或超级电容为能量源、全部或部分由电机驱动的汽车。这类汽车主要有插电式混合动力（增程式）电动汽车、纯电动汽车及燃料电池汽车等。

新型电动汽车主要是利用一些新型能源进行车载发电、全部或部分由电机驱动的汽车。目前应用到车上的新型能源主要有太阳能、风能等可再生能源以及核能等。

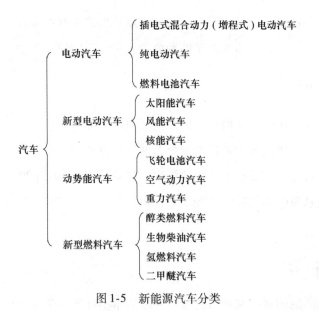

图 1-5 新能源汽车分类

动势能汽车主要是通过转化动能或者势能驱动的汽车。这类汽车主要有飞轮电池汽车、空气动力汽车及重力汽车等。

新型燃料汽车主要是用新型清洁燃料全部或者部分取代内燃机中的汽油、柴油,再由内燃机驱动汽车。这类汽车主要有醇类燃料汽车、生物柴油汽车、氢燃料汽车以及二甲醚汽车等。

 问题3　为什么要发展新能源汽车?

在 200 年的工业化进程中,人类美化了地球,也伤害了地球。据估测,以能源为例,以煤炭和石油为标志的化石能源时代终将过去。悲观估计还有约 100 年,乐观估计还有 200 年。化石能源大量、广泛地使用,在创造了工业文明的同时,也带来了日益严重的"副产品":环境污染、气候变暖、生态恶化,最终对人类的生存与发展构成了严重威胁。我们需要寻求更集约、更可持续、更符合自然和社会伦理的生产和生活方式。一个公认的思路是,以新一轮技术革命为支点,以发展新能源汽车为突破口,推进和实现汽车产业革命。

人类所面临的石油短缺、环境污染等问题,使得发展新能源汽车成为汽车工业想要持续发展的必然选择。同时，各国政府从促进消费以及环保角度也大力支持新能源汽车的发展。新能源汽车的发展进入历史新时期。

1. 石油短缺

随着汽车保有量的不断增长，世界范围内对石油的需求也与日俱增。汽车燃油消耗和其他工业领域每年消耗大量的石油，使石油这一不可再生能源在以很高的速度锐减，世界性的石油危机日益严重。尽管从1980年到2010年，世界已探明的石油储量从800多亿吨增长到2000多亿吨，但还是难以改变对石油危机的预期。

2. 环境污染

城市环境问题的恶化与城市交通污染之间密不可分，交通污染不但影响了本地区的生态环境，也给全球环境造成了严重的影响。城市交通所产生的废气、噪声与扬尘已经成为城市环境污染的主要来源。世界各国的大城市中，机动车排出的废气是空气中最大的污染源。

传统燃油汽车在行驶过程中会产生大量的有害气体，不但污染环境，还影响人类健康。汽车尾气排放的主要污染物为一氧化碳（CO）、碳氢化合物（HC）、氮氧化物（NO_x）、铅（Pb）、细微颗粒物（PM）及硫化物等。这些一次污染物还会通过大气化学反应生成光化学烟雾、酸沉降等二次污染物。现在，许多大城市的空气污染已经超过健康许可标准，直接危害市民的健康和生活环境。

2013年，中国环境科学研究院对形成北京雾霾天气的PM2.5来源进行了整体分析，其中汽车尾气排在第一，占比达22.2%，已然成为PM2.5的重要来源。因此，积极加大汽车的节能减排力度，有效解决机动车尾气排放问题是城市雾霾治理的重点措施。

二氧化碳虽然没有毒性，但却是造成地球变暖的温室气体的主要成分。温室效应引起的全球变暖将对全球的生态系统造成难以想象的影响。全球二氧化碳总排放量将从1990年的29亿吨增加到2020年的60亿吨，根据国际汽车制造商协会（OICA）统计，在二氧化碳排放中有16%是来自道路交通（主要是汽车尾气），如图1-6所示。

3. 政策环境

在积极研发新能源汽车的同时，各国还提供了大量鼓励政策。

美国能源部 2008 年 6 月 12 日宣布将拨款 3000 万美元，资助通用汽车公司、福特汽车公司、通用电气公司的研究项目。在奥巴马签署生效的经济刺激计划中，把充电式混合动力汽车作为刺激经济和拯救汽车业的一张王牌。在他的倡导下，联邦政府为推进充电式混合动力汽车计划，在短短几个月内紧锣密鼓地出台了一系列强力措施，斥资 140 亿美元支持动力电池、关键零部件的研发和生产，支持充电基础设施建设、消费者购车补贴和政府采购。

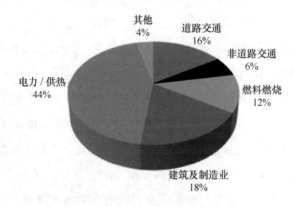

图 1-6　全球二氧化碳排放结构

法国政府规定，自 2008 年 1 月 1 日起，政府按所购买新车的尾气的二氧化碳排放量的多少，对车主给予相应的现金"奖罚"，以鼓励购买低排量环保车型。按规定凡购买尾气二氧化碳排放量介于 30~100g 的新车，车主可获得现金 200~1000 欧元不等的环保奖励。若购买超低能耗、低排放的新能源汽车如电动汽车，奖励金额则高达 5000 欧元。反之，如果尾气二氧化碳排放量在 160g 以上，将按递增方式向车主征收环保税，税额为 200~2600 欧元不等。此外，法国政府还鼓励报废能耗大的旧车，并给予一定数额的现金奖励。

在英国，如果驾驶混合动力汽车进入伦敦市区，将免收 5 英镑进入市区的费用。

日本政府在 2009 年 6 月启动了"新一代汽车"计划。所谓"新一代汽车"，实际指的就是环保汽车，包括混合动力电动汽车、纯电动汽车、燃料电池汽车等。该计划力争到2050年,使环保汽车占据汽车市场总量的一半左右。为了实现这一计划,日本政府通过援建电动汽车基础设施、减税和发放补贴等促进环保汽车发展。2010年4月12日,日本经济产业省提出了截至2020年,使混合动力电动汽车和纯电动汽车等"新一代汽车"占新车销量20%~50%的报告《新一代汽车战略2010》。报告中还提出,截至2020年将建设普通充电站200万座、快速充电站5000座的目标。

我国新能源汽车的研发与产业化历程,大致可分为三个阶段。第一阶段从"九五"初期到2008年,主要通过技术支持和研发与奥运会等小规模示范运行相结合,奠定了纯电动、混合动力和燃料电池三种动力系统平台汽车的研发和初步产业化基础。第二阶段从2009年到2012年。2009年1月,中华人民共和国财政部、中华人民共和国科学技术部共同发布了《关于开展节能与新能源汽车示范推广试点工作的通知》和《节能与新能源汽车示范推广财政补助资金管理暂行办法》。2009年11月,在北京、上海、重庆等13个城市开展节能与新能源汽车示范推广试点工作,逐步完善了对企业和相关产品的管理,加快了标准化体系建设。第三阶段从2013年至今。在2013年9月,出台了《关于继续开展新能源汽车推广应用工作的通知》(财建〔2013〕551号),北京、天津、太原等28个城市或区域被确认为首批新能源汽车推广应用城市。2014年2月,四部委确认了沈阳、长春等12个城市或城市群作为第二批新能源汽车应用推广城市。我国新能源汽车的推广工作进一步加强。

问题4 国外新能源汽车的发展现状是怎样的?

自21世纪以来,面对全球能源短缺和环境污染问题的日益严峻,以美国、日本、欧盟以及中国为代表的国家和地区纷纷开始转型,相继将新能源汽车上升为国家战略,作为缓解能源压力、减轻环境污染的重要手段之一,并相继出台了一系列政策措施鼓励新能源汽车的发展和市场推广。

1. 美国新能源汽车的发展现状

美国是汽车工业最发达的国家,汽车产量和保有量均位居世界前列,为增强汽车制造业的竞争力，美国政府提出了著名的 PNGV 计划和 Freedom CAR 计划。

2017 年 1～10 月，美国汽车市场总体销售数字是 14 149 392 辆，其中新能源汽车销量占比 3.28%，达到了 463 424 辆。1～10 月各月份（见表 1-1）销售的各类新能源汽车中，混合动力车（HEV）为 308 423 辆、插电式混合动力（PHEV）为 72 181 辆、纯电动汽车为 81 053 辆和燃料电池车为 1767 辆。从数据可知，混合动力汽车是美国新能源汽车市场的最大门类。

表 1-1　2017 年 1～10 月美国新能源车销量情况　　（单位：辆）

月份	HEV	PHEV	纯电动	燃料电池	总计
1 月	22 584	5687	5398	127	33 796
2 月	28 355	6247	5847	142	40 590
3 月	32 012	7384	10 166	143	49 705
4 月	30 949	7095	5961	145	44 150
5 月	33 758	8522	8037	285	50 602
6 月	30 089	7787	8814	180	46 870
7 月	29 056	7407	7802	165	44 430
8 月	34 850	7668	8835	127	51 480
9 月	37 319	7719	13 421	201	58 660
10 月	29 451	6665	6773	252	43 141
总计	308 423	72 181	81 053	1767	463 424

另据美国媒体报道，2017 年美国新能源车型总销量达 477 000，增长 5.6%。其中纯电动汽车销量大增 23%，至 168 000 辆。

2. 欧洲新能源汽车的发展现状

欧洲更加注重温室气体减排战略，规定了日益严格的二氧化碳排放限制要求，提出将每辆乘用车的 CO_2 排放量从 2012 年平均 130g/km 减少至 2020 年的平均 95g/km、2025 年的平均 70g/km 的中长期目标。这也成为欧洲对新能源汽车发展的主要驱动力之一。

欧盟关于电动汽车的发展计划主要有 FP 系列计划、欧盟燃料电池研究发展示范计划、欧盟燃料电池客车示范计划和欧洲电动汽车城市运输系统计划等。欧盟已拨款 14.3 亿欧元用于支持电动汽车研发。德国电动汽车在欧洲处于领先地位，已于 2009 年 8 月发布了以纯电动式和插电式电动汽车为重点的《国家电动汽车发展计划》。英国和法国是欧洲电动汽车研发和应用最早的国家，目前已有十几万辆电动汽车在运行。

根据大众集团已经规划好的新能源战略，在短期内，解决能源节能环保的基本供给方式，是进一步优化汽油机、普及推广采用先进的清洁柴油技术；从中期规划来讲，大众汽车公司正在做电动汽车、混合动力汽车或其他一些替代能源，包括生物燃料等。

宝马汽车公司从1978年便开始氢动力的研究工作，是目前在该领域内技术最成熟的厂家。其中最引人注目的是它推出的7系氢动力版轿车，其尾气排放是完全无污染的。但就现在的技术而言，氢燃料无法普及，只能寻找其他简单有效并且可行性强的办法。目前，宝马汽车公司研制的i3、i8纯电动汽车，都具有很大的市场潜力。

3. 日本新能源汽车的发展现状

日本是汽车生产大国，由于日本的石油资源匮乏，石油几乎全部依赖进口。日本汽车公司在积极开展和推进各种新能源汽车研究和市场化工作，其混合动力汽车处于世界领先地位。日本通过制订国家目标，引导新能源汽车产业的发展并高度重视技术创新。同时，政府也制订了鼓励电动汽车开发与推广应用的相关政策及措施，把发展电动汽车作为"低碳革命"的核心内容，并计划到2020年普及以电动汽车为主体的"下一代汽车"达到1350万辆。目前日本的弱混合动力汽车可以节能38%，而且为了适应未来新能源汽车的发展，日本已经开始进行道路、周边设施的改造，包括居民住宅设施。

日本的丰田、本田两家公司分别实现了电动汽车的产业化，它们推出的普锐斯和思域两款混合动力汽车得到了日本和北美市场的普遍认可，截至2017年1月底，丰田旗下混动车型在全球累计销量已达1004.9万辆。日本已经在混合动力汽车领域走在了世界前列，其电动汽车的市场推广已经进入了实质性阶段。

除丰田外，其他几家日本汽车企业也在开发新一代的新能源动力汽车，如本田的In-sight IMG混合动力汽车、日产Leaf和三菱i-MiEV纯电动汽车等。

根据上面对国外新能源汽车发展的现状分析，可见各国侧重的电动汽车种类不完全相同。美国为了减少碳排放最初极力推崇纯电动汽车，但由于技术不成熟，转向燃料电池汽车；自奥巴马上台后，美国的研究重点又从燃料电池汽车转向了插电式混合动力汽车。欧洲一直都较崇尚纯电动汽车，但经过十余年的发展后，仍没能成功解决续驶里程短的问题，商业化进程缓慢，欧洲正从纯电动汽车转向混合动力汽车。日本是最先发展电动汽车的国家，日本最早鼓励纯电动汽车和插电式混合动力电动汽车的发展，近年来，日本也开始积极研究燃料电池汽车。各国电动汽车的发展路线见表1-2。

表1-2　世界各大主要整车企业的电动汽车发展路线

区域	企业	纯电动	混合动力电动汽车			插电式混合动力电动汽车	燃料电池电动汽车
			微混	中混	强混		
美国	通用	++	+	+++	+++	+++	++
	福特	+++		+	+++	++	++++
欧洲	大众	++	++		+	++	+
	奔驰	++	+++	+++	++	++	+++
	宝马					+	++
日本	丰田	++	+	++	+++	+++	+++
	日产	+++	+	+	++		
	本田	+++	+			++	
中国	比亚迪	+++		+	++	+++	+

注：+表示企业投资及研发重点程度，+、++、+++强度依次增加。

问题5　我国新能源汽车的发展现状是怎样的？

近年来，在国家"863"计划和节能与新能源汽车示范推广、私人购买试点政策的推动下，我国新能源汽车关键部件及相关技术取得重大进步，新能源汽车产业已基本具备产业化发展基础，纯电动汽车和插电式混合动力汽车开始小规模投放市场，企业通过"引进来"与"走出去"，国际化合作不断深入。总体上看，我国新能源汽车产业发展基础进一步夯实，发展环境进一步优化，具备了更好的技术、市场和资源条件，新能源汽车产业迈入崭新的发展阶段。

在国家多年支持下，我国汽车行业初步掌握了新能源汽车整车动力系统平台以及关键零部件的核心技术，基本建立了"三纵三横"和"三大平台"构成的矩阵式的技术创新体系，形成了较为全面的基础研究、产品开发、试验检测和评价的能力。新能源汽车整车技术水平明显提升，关键核心技术取得了重大突破，主要体现在以下方面：

① 插电式混合动力乘用车技术取得较大进展。目前，国内插电式混合动力技术主要应用于乘用车，主要汽车企业纷纷加大研发力度，推出插电式混合动力乘用车车型。比亚迪插电式混合动力已发展到第二代，技术明显提升，最高车速和加速性能均有较大提高；上汽荣威550插电式混合动力、一汽奔腾B50插电式混合动力等车型也在2012年开始了示范运行活动。

② 纯电动汽车技术日益成熟，初步具备产业化条件。我国已基本掌握了整车控制、动力系统匹配与集成设计等关键技术，部分企业开始进入产业化阶段。纯电动轿车方面，主要整车企业均将电动汽车纳入企业产品规划，投入不断加大，比亚迪、江淮、东风、长安、奇瑞、吉利等主要汽车企业均研制开发出纯电动轿车，部分车型技术已有显著提高。如江淮同悦EV已经发展到第三代，车辆续驶里程提高了30%，而能耗下降超过5%。

③ 燃料电池汽车技术取得重要进展。在国家节能与新能源汽车重大项目支持下，我国燃料电池汽车技术研发取得重要进展，初步掌握了整车、动力系统与关键零部件的核心技术；建立了具有自主知识产权的燃料电池汽车动力系统技术平台；形成了燃料电池发动机、动力电池、DC/DC变换器、驱动电机、储氢与供氢系统等关键零部件配套研发体系，具有百辆级燃料电池汽车动力系统平台与整车生产能力。

④ 关键零部件产业化技术明显提高，部分关键技术取得突破。在动力电池方面，初步具备了产品研发能力和基础生产装备设计制造能力，动力电池性能指标逐步接近国际先进水平，锂离子电池正负极材料、电解液三大关键材料实现了国产化；在驱动电机系统方面，产品主要技术指标达到国际水平，性价比在国际上具有一定优势，形成了若干家年产能达到万套级以上的驱动电机企业；在电控系统方面，初步形成了混合动力系统、纯电驱动系统的小批量生产能力，掌握了部分核心技术，部分企业形成年产5万套以上的生产能力。

发展和应用节能与新能源汽车是促进汽车工业可持续发展的重要途径，在这一点上政府和汽车生产企业已经达成了共识。中国在市场、政府支持的力度方面又有着较大的优势，新能源汽车的前景可观。

我国新能源汽车的产量不断增加，从2010年的1663辆到2014年的84 900

辆，是 2010 年的 50 倍多，市场占有率也不断增加。其中，2014 年插电式乘用车、客车所占产量的百分比是 18%、15%，纯电动乘用车、客车分别是 50%、17%。表 1-3 所示为我国研发和生产新能源汽车的生产商及其产品。

表 1-3 国内研发和生产的新能源汽车

序号	生产企业	产品名称或型号	产品类型或说明
1	上海通用	别克君威	HEV 轿车
2	比亚迪	K9	纯电动客车
3		E6	纯电动轿车
4		F3DM	双模混合动力轿车
5		秦	插入式双模混合动力轿车
6	天津清源电动车公司	哈飞纯电动微客	纯电动
7	重庆长安	CV11	混合动力轿车
8	奇瑞	BSG	混合动力，节油 10%
9		ISG	混合动力，节油 17%
10	上汽集团	帕萨特	燃料电池轿车
11	一汽轿车	B70HEV	HEV 奔腾轿车
12	江淮汽车	HFC4HAI-B	混合动力
13	北汽集团	勇士	混合动力
14	一汽海马	福仕达	纯电动轿车
15	东风股份公司	轻型载货汽车	纯电动
16	一汽大连客车厂	CA6124SH2	HEV 大客车
17	南车时代	TEG6128	HEV 大客车
18	北汽福田	BS6123C7B4D	混合动力客车
19	东风电动车公司	EQ6100	HEV 客车
20		EQ7200	HEV 轿车
21	中通客车	LCK6112K	HEV 公交车
22	重庆恒通	CKZ6116	HEV 公交车
23	宇通客车	ZK6125CHEVPG1CHA	插电式混合动力客车

根据中汽协数据，2017 年我国新能源汽车产销为 79.4 万辆和 77.7 万辆，同比分别增长 53.8% 和 53.3%，其中纯电动乘用车产销分别为 47.8 万辆和 46.8 万辆，同比分别增长 81.7% 和 82.1%；插电式混合动力乘用车产销分别为 11.4 万辆和 11.1 万辆，同比分别增长 40.3% 和 39.4%。2018 年 2 月，新能源汽车产销分别为 39 230 辆和 34 420 辆，同比分别增长 119.1% 和 95.2%，其中纯电动汽车产销分别完成 28 872 辆和 23 458 辆，同比分别增长 89.4% 和 68.4%，插电式混合动力汽车产销分别为 10 358 辆和 10 962 辆，同比分别增长 288.4% 和 196.4%。

1~2月新能源汽车生产81 855辆,销售74 667辆,同比分别大幅增长225.5%和200%。这些数据表明,我国新能源汽车保持着持续增长。

同时,我国可再生能源、非常规油气和深海油气资源开发潜力很大,能源科技创新取得新突破,能源国际合作不断深化,能源发展面临着难得的机遇。

问题6 新能源汽车的技术发展趋势具有哪些特征?

汽车能源的发展历程可以说是一个"脱碳加氢"的过程,与能源发展相对应,新能源汽车的发展也存在着相同的历程。图1-7所示为新能源汽车技术发展路线图,从图中可以看出,2010年左右,我国主要发展的新能源汽车为微混、轻混型,主要还是以化石能源(包括柴油、汽油等)为主,经过几年逐渐发展到深混(主要包括插电式、增程式),燃料从化石能源向电能及其他清洁能源(醇类、生物柴油、二甲醚)转型。在这多元化并存的过渡时代,插电式混合动力(增程式)电动汽车、纯电动汽车竞相发展;预计2025年之后,进入基本单

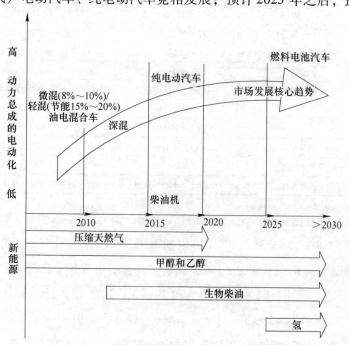

图1-7 新能源汽车技术发展路线

一的氢能源汽车时代（或者说摆脱依赖石油的汽车时代），燃料电池汽车将会是汽车产业的主流。

总结起来，新能源汽车技术发展趋势具有以下特征：

① 插电式混合动力汽车技术成为全球新的研发热点，产品将进一步丰富、成熟。

以雪佛兰 Volt 为代表的增程式电动汽车、比亚迪 F3DM 为代表的并联式混合动力汽车以及丰田普锐斯代表的混联式混合动力汽车这三种类型的插电式混合动力汽车车型成为新能源汽车的热点，丰田、通用、大众等汽车集团均正在积极开发新的插电式混合动力车型。

插电式混合动力汽车产品技术将进一步丰富、成熟。在技术方案上，混联式、并联式和串联式混合动力方案均有不同的产品投放市场；在产品技术上，优化匹配动力系统电池容量，满足不同人群日常纯电行驶里程需求的技术方案将成为研发热点。

② 纯电动汽车是电动汽车技术发展的主要方向，未来将呈现平台化、轻量化、智能化的特点。

在技术上，纯电动汽车呈现动力系统平台化、车身轻量化、车辆智能化等发展趋势，并将进一步朝着机械、电子、信息技术高度集成的方向发展。特别是轮毂驱动电机技术的应用，不但使动力传递链缩短、传动效率提高，而且使得动力系统更易于实现平台化。在车身上，纯电动汽车呈现轻量化特点。轻量化是汽车一项基础节能技术，车辆结构设计轻量化、轻量化材料及先进制造技术的应用将进一步实现纯电动汽车的减重和节能。纯电动汽车也呈现出智能化特点，近期国际整车厂推出的纯电动汽车日趋智能化，均采用了全球定位、车载娱乐、手机互联等技术。未来，智能车联网、V2G 以及无线充电等新技术将逐步应用到纯电动汽车上。

另外，近年来国外各大汽车公司都推出了小型纯电动概念车，这些车型将满足特定区域的短途代步需求，是电气化和智能化的融合体。在产品技术上，驱动灵活多样，续驶里程和最高车速通常不高，但处处体现出高科技的概念。

③ 燃料电池汽车技术将进一步取得突破，在技术上呈现动力系统混合动力

化和底盘专用化的趋势。

　　国内外推出的燃料电池汽车动力系统广泛采用燃料电池系统与动力电池混合驱动的方式，这种方案不仅延长了燃料电池的寿命，还降低了车辆成本。本田、奔驰等国际厂商均把燃料电池动力系统零部件布置在底盘中，采用非承载式车身结构，底盘专用化趋势明显。此外，跨国企业均趋于采用全新车型平台，这有利于燃料供给系统、动力系统以及储能装置实现进一步的集成匹配和优化。

第 2 章

纯电动汽车

出于对石油短缺和环境污染等问题的考虑，我国和世界上的很多国家都在大力研究和发展纯电动汽车。对于中国的汽车工业来说，发展纯电动汽车也是一种"弯道超车"的举措。如果中国能在电动汽车研发领域发力，走出一条自己的发展道路，就有可能让汽车工业在未来占得先机。

问题7　纯电动汽车的特点是什么？

纯电动汽车迄今还没有一个公认的统一定义，一般的理解是由车载能源（动力电池和/或超级电容）作为动力源，或者由车载能源和电网共同作为能量来源，驱动电机运转，推动汽车行驶的一种新能源汽车。

纯电动汽车具有以下特点：

①无污染，噪声低。纯电动汽车不产生废气，不产生排气污染，对保护环境是十分有益的，有"零污染"的美称。纯电动汽车电动机的噪声也较内燃机小。

②能源利用效率高，使用成本低。研究表明，纯电动汽车的能源效率已超过内燃机汽车，特别是在城市运行，汽车频繁起停，行驶速度不高，纯电动汽车更加适宜。

纯电动汽车停车时不消耗电量，在制动过程中，电动机可自动转化为发电机，实现制动减速时能量的再利用，使用成本低。

③简单可靠，使用维修方便。纯电动汽车较内燃机汽车结构简单，运转、传动部件少，运行可靠，维修保养工作量少。

④平抑电网的峰谷差。纯电动汽车可在夜间利用电网的富余电能进行充电，用电高峰时还可向电网回馈电能，对电网起到"削峰填谷"的作用，有利于电网的高效利用和电压稳定。

问题8　纯电动汽车的驱动形式有哪些？

按照动力驱动形式的不同，纯电动汽车可以分为集中驱动式纯电动汽车和分布式驱动纯电动汽车两大类。其中分布式驱动纯电动汽车包括轮边电机驱动式纯电动汽车和轮毂电机驱动式纯电动汽车。

1. 集中驱动式纯电动汽车

集中式驱动系统是在传统汽车的基础上改装而来，具有结构简单、易于控制、维修简单等优点。具体可以分为传统集中驱动系统、无变速器集中驱动系统和集成式集中驱动系统三种驱动系统。

传统集中驱动式电动汽车利用驱动电机代替内燃机，离合器、变速器和差速器的布置形式与传统内燃机汽车的布置形式一致。传统的集中驱动系统布置如图 2-1 所示。

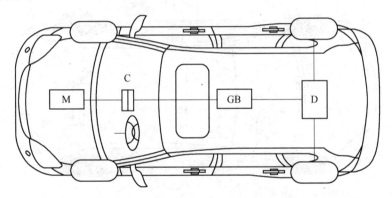

图 2-1 传统的集中驱动系统布置的形式
M—电机 C—离合器 GB—变速器 D—差速器

无变速器集中驱动系统是用一个固定速比的减速器替代传统集中驱动系统中的多级变速器，同时省去离合器，即发展成无变速器的传动形式。这种传动系统一方面可以节省机械传动结构的重量和体积，另一方面可以减少由于换档所带来的控制难度。无变速器集中驱动系统的布置形式如图 2-2 所示。

集成式集中驱动系统与无变速器集中驱动系统类似，但是驱动电机、固定速比减速器和差速器被进一步整合为一体，布置在驱动轴上，整个驱动传动系统被大大简化和集成化。但是这样的布置形式要求有低速大转矩、速度变化范围大的电机。集成式集中驱动系统的布置形式如图 2-3 所示。

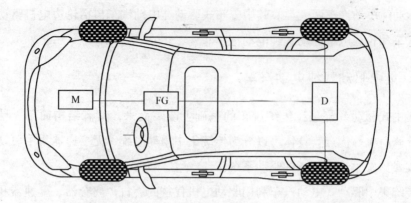

图 2-2 固定速比减速器集中驱动系统（无变速器）布置形式
M—电机　FG—固定速比减速器　D—差速器

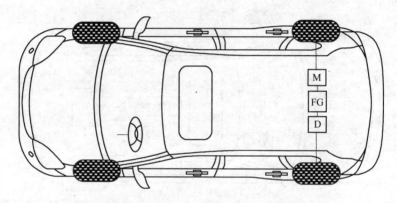

图 2-3 集成式集中驱动系统布置形式
D—差速器　FG—固定速比减速器　M—电机

2. 轮边电机驱动式纯电动汽车

轮边电机驱动式纯电动汽车又分为轮边减速式驱动式和轮边直连式驱动式。

轮边减速式驱动系统是在集中式驱动系统的基础上，由两个独立的牵引电机代替差速器，即采用轮边驱动无差速器的传动形式，减速器依然保留，每个牵引电机单独完成一侧车轮的驱动任务。在车辆进行曲线行驶时，两侧的电机分别工作在不同的转速下。轮边减速式驱动系统如图 2-4 所示。

轮边直连式驱动系统是用一个单排的行星齿轮代替轮边减速式驱动系统中的减速器，凭其能提供良好的减速比和线性的输入/输出特性，实现减小转速和增大转矩。轮边直连式驱动系统布置形式如图 2-5 所示。

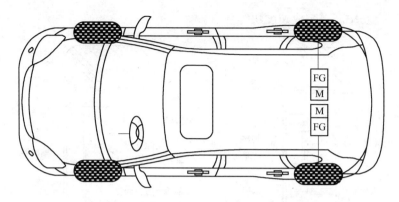

图 2-4　轮边减速式驱动系统布置形式
FG—固定速比减速器　M—电机

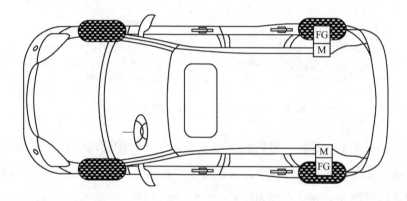

图 2-5　轮边直连式驱动系统布置形式
FG—固定速比减速器　M—电机

3. 轮毂电机驱动式纯电动汽车

轮毂电机驱动系统是将电机直接安装于车轮内,可以有效改善轮边电机驱动系统带来的电机与独立悬架在有限空间内的布置困难、纯电动汽车底部的空气阻力大及通过性差等缺点。另外轮毂电机驱动系统不仅省去了大量传动部件,而且可以实现多种复杂的驱动方式。

轮毂电机驱动系统又分为外转子轮毂电机驱动系统和内转子轮毂电机驱动系统两种形式,如图2-6所示。

外转子轮毂驱动系统是将外转子电机直接安装在车轮的轮辋内,中间无须采用减速机构,直接驱动车轮转动,从而带动汽车行驶。此系统具有结构紧凑、效率较高、比功率高、响应速度快等优点。

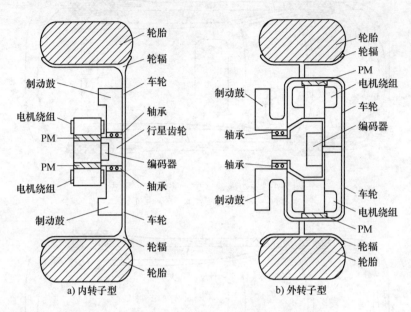

图 2-6　两种轮毂电机驱动方式内部示意图

内转子轮毂驱动系统是将内转子电机装在车轮的轮辋内，且带有减速机构。这种驱动系统允许电机在高速下运行，可采用普通的内转子高速电机，电机的最高转速可以设计在 4000～20 000r/min 之间，可以获得较高的比功率，而且对电机的其他性能没有特殊要求。

问题 9　纯电动汽车的车载能源形式有哪些？

按提供能源形式的不同，纯电动汽车一般可以分为电池单独驱动式纯电动汽车、超级电容单独驱动式纯电动汽车、复合电源驱动式纯电动汽车和双源驱动式纯电动汽车四种。

①电池单独驱动式纯电动汽车是指车载储能系统——电池作为驱动电机的唯一能量来源以驱动车辆行驶的纯电动汽车。其驱动系统由动力电池、控制器、电驱动装置等几部分组成，其结构如图 2-7 所示。特斯拉 roadster 纯电动汽车即为该类型汽车，采用的是锂离子电池，如图 2-8 所示。

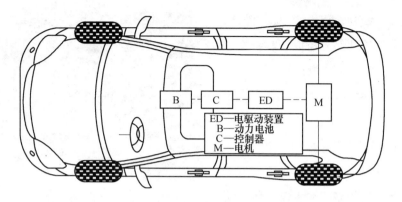

图 2-7　电池单独驱动式纯电动汽车结构简图

② 超级电容单独驱动式纯电动汽车是指车载储能系统是超级电容，超级电容是驱动电机的唯一能量来源，从而驱动车辆行驶的纯电动汽车。其驱动系统由超级电容、控制器、电驱动装置等几部分组成，其结构如图 2-9 所示。图 2-10 所示为上海奥威超级电容单独驱动式纯电客车。

图 2-8　特斯拉 roadster 纯电动汽车

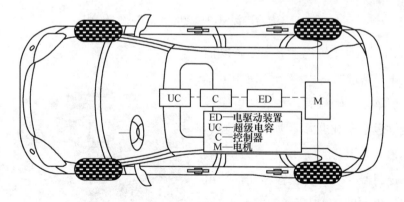

图 2-9　超级电容单独驱动式纯电动汽车结构简图

③ 复合电源驱动式纯电动汽车是将高比功率的超级电容与高比能量的电池复合使用，从而满足当前车辆对电源高能量密度和高功率密度的双重要求，并通过合理的功率分配策略，提高纯电动汽车整车性能。其驱动系统由动力电池、超

级电容、DC/DC 变换器、控制器、电驱动装置等几部分组成，其结构如图 2-11 所示。北京理工大学与北方华德尼奥普兰客车股份有限公司于 2006 年共同研制出了纯电动旅游客车"BFC6110-EV"，如图 2-12 所示。该车使用锂离子电池、超级电容储能系统以及先进的多能源控制系统、交流驱动系统。

图 2-10　上海奥威超级电容单独驱动式纯电动客车

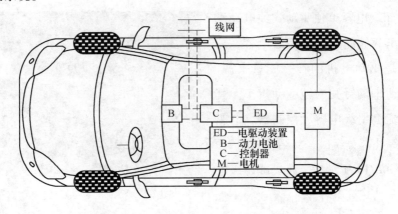

图 2-11　复合电源驱动式纯电动汽车的结构简图

④ 双源驱动式纯电动客车是指既能够利用本身携带的"大辫子"使用电车线网电能驱动车辆行驶，在脱离电车线网又能够运用车载电源驱动车辆行驶的纯电动客车。其驱动系统由动力电池、线网、控制器、电驱动装置等几部分组成，其结构如图 2-13 所示。图 2-14 所示为宇通双源驱动式纯电动公交车，该车脱离线网后可以行驶 60km 以上，连接网线行驶 10km，就可脱离线网行驶 5km 以上。

图 2-12　BFC6110-EV 复合电源驱动式纯电动车

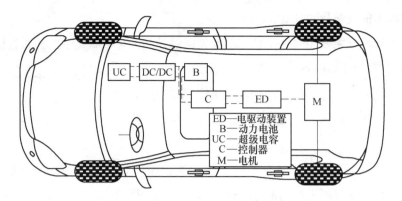

图 2-13 双源驱动式纯电动客车的结构简图

图 2-14 宇通双源驱动式纯电动公交车

问题 10 纯电动汽车的性能指标有哪些?

根据有关国家标准,如 GB/T 18385—2005《电动汽车动力性能试验方法》、GB/T 28382—2012《纯电动乘用车技术条件》、GB/T 18386—2005《电动汽车能量消耗率和续驶里程试验方法》,主要从动力性和经济性等指标来评估纯电动汽车的性能。

在动力性方面,我国电动汽车动力性评估指标主要是依据 GB/T 18385—2005《电动汽车动力性能试验方法》,主要评估指标为最高车速、最大爬坡度和加速时间等。

对于最高车速而言,主要有两种类型的指标:30min 最高车速和 1km 最高车速。以上两个指标都是基于所设定的条件下能实现的平均车速,主要是用来评定纯电动汽车的高速行驶性能。

最大爬坡度主要用来评定整车的低速通过性和大负载状态下的通过性能。

在整车的实际运行中，加速行驶是最为常见的行驶工况之一。一般将加速时间定义为自一定车速向另一车速加速所需要的最少时间。

针对经济性评估，纯电动汽车经济性有两个重要评价指标：能量消耗率和续驶里程。

① 能量消耗率是电动汽车经过规定的试验循环后对动力电池重新充电至试验前的容量，从电网上得到的电能除以行驶里程所得的值，单位 W·h/km。

② 续驶里程是电动汽车在动力动力电池完全充电状态下，以一定的行驶工况，能连续行驶的最大距离，单位为 km。

 问题 11　纯电动汽车的性能指标是如何评估的？

纯电动汽车的性能可以用动力性指标和经济性指标来表示。对于这些指标的试验方法及评价，相关标准做出了说明。

1. 对动力性的评估

GB/T 18385—2005 中评价纯电动汽车动力性的指标有最高车速、最大爬坡度和加速时间。

（1）最高速度

GB/T 18385—2005 中评价纯电动汽车最高车速的有 1km 最高车速和 30min 最高车速两个参数。1km 最高车速指电动汽车能够往返各持续行驶 1km 以上距离的最高车速的平均值。30min 最高车速指电动汽车能够持续行驶 30min 以上的最高平均车速。

在进行 1km 最高车速测试前，应将试验车辆加载到试验质量，增加的载荷应合理分布。附加质量分别为：如果最大允许装载质量小于或等于 180kg，该质量为最大允许装载质量；如果最大允许装载质量大于 180kg，但小于 360kg，则该质量为 180kg；如果最大允许装载质量大于 360kg，则该质量为最大允许装载质量（包括驾驶人质量）的一半。同时，按照车辆制造厂规定的充电规程，使动力电池达到完全充电状态，或按下列规程为动力电池充电。常规充电，在环境温度为 20~30℃下，使用车载充电器（如果已安装）为动力电池充电，或采用车辆制造厂推荐的外部充电器（应记录充电器的型号、规格）给动力电池充电。充电结束的标准，12h 的充电即为充电结束的标准；如果标准仪器发出明显的信号提示驾驶人动力电池未充满，那么在这种情况下，最长充电时间为：3×制造厂规定的动力电池容量（kW·h）/电网供电（kW）。如果依据常规充电规程，达到充电结束标准，则认为动力电池已全充满。

在进行 1km 最高车速测试中，在直线跑道或环形跑道上将试验车辆加速，使汽车在驶入测量区之前能够达到最高稳定车速，并且保持这个车速持续行驶 1km（测量区的长度）。记录车辆持续行驶 1km 的时间 t_1，随即做一次反方向的试验，并记录通过的时间 t_2。

在进行 1km 最高车速测试后，按照下式计算试验结果：

$$v = 3600/t \tag{2-1}$$

式中，v 为实际最高车速，单位为 km/h；t 为持续行驶 1km 两次试验所测时间的算术平均值 $(t_1+t_2)/2$，单位为 s。

两次试验的结果按下式计算，这里最高车速 v 是两次 v_r 的算术平均值。如果考虑风速，则最高车速应该按下式修正：

$$v_r = v_r \pm v_i \times f \tag{2-2}$$

$$v_r = 3600/t \tag{2-3}$$

式中，如果风的水平分量与车辆行驶方向相反，则选"+"；如果风的水平分量与车辆行驶方向相同，则选"-"；v_r 为每次测量的最高车速，单位为 km/h；t 为通过测量区的时间，单位为 s；v_i 为风的水平分量，单位为 m/s；f 为修正系数，取 0.6。

30min 最高车速的试验可以在环形跑道上进行，也可以在规定的底盘测功机上进行。

在进行 30min 最高车速试验前，其试验准备同 1km 最高车速的试验准备。

在进行 30min 最高车速试验中，使试验车辆以该车 30min 最高车速估计值 ±5% 的车速行驶 30min。试验中车速如有变化，则可以通过踩加速踏板来补偿，从而使车速符合 30min 最高车速估计值 ±5% 的要求。

如果试验中车速达不到 30min 最高车速估计值的 95%，那么试验应重做。车速可以是上述 30min 最高车速估计值或者是制造厂重新估计的 30min 最高车速。

测量车辆驶过的里程 s_1（单位为 m），并按公式 $v_{30} = s_1/500$ 计算平均 30min 最高车速，v_{30} 的单位为 km/h。

按照 GB/T 18385—2005 规定的试验方法测量 30min 最高车速，其值应不低于 80km/h。

（2）最大爬坡度

坡道起步能力应在有一定坡度角 α_1 的道路上进行。该坡度角 α_1 应近似于制造厂技术条件规定的最大爬坡度对应的角 α_0。实际坡度和厂定坡度之差，应通过增减质量 Δm 来调整。

在进行最大坡度试验前，将试验车辆加载到最大设计总质量。

选定的坡道应有 10m 的测量区，测量区前应提供起步区域。将试验车辆放置在起步区域，选定的坡度角尽可能地近似 α_0。如果该坡道坡度与厂定最大爬坡度对应的坡度 α_0 有差别，则可根据下列公式通过增减装载质量的方法进行试验：

$$\Delta m = m \times \frac{\sin\alpha_0 - \sin\alpha_1}{\sin\alpha_1 + R} \tag{2-4}$$

式中，m 为试验时的车辆最大设计总质量（按 GB/T 3730.2—1996 定义），单位为 kg；R 为滚动阻尼系数，一般为 0.01；α_1 为实际试验坡道所对应的坡度角；α_0 为制造厂技术条件规定的最大爬坡度对应的坡度角；Δm 为应该均布于乘客室和货箱中的质量。

在进行最大坡度试验中，应以每分钟至少行驶 10m 的速度通过测量区。如果车辆装有离合器和变速器，则应用最低档起动车辆并以每分钟至少行驶 10m 的速度通过测量区。

按照 GB/T 18385—2005 规定的试验方法，测量车辆爬坡车速和车辆最大爬坡度，应符合下列要求：车辆通过 4% 坡度的爬坡车速不低于 60km/h；车辆通过 12% 坡度的爬坡车速不低于 30km/h；车速最大爬坡度不低于 20%。

（3）加速性能

车辆不同，加速性能要求不同。根据 GB/T 15089—2001 对车辆的分类见表 2-1。

表 2-1　车辆类别划分表

类别	轮数/个	质量/t	载客数/个	载客/载货
M1	≥3	≤1	≤8	载客
M2	≥3	1 < m ≤ 5	>8	载客
M3	≥3	>5	—	载客
N1	≥3	≤3.5	—	载货
N2	≥3	3.5 < m ≤ 12	—	载货
N3	≥3	>12	—	载货

对于 M1、N1 类纯电动汽车，对加速性能的测试有着如下的规定：以 0～50km/h 和 50～80km/h 两个测试实施评价。其中，通过 0～50km/h 的测试可以对电动汽车的起步加速能力进行评定，而对于 50～80km/h 的测试模式，主要是对中等车速时的加速超车能力进行评定。但是，当前的加速测试主要是将 0～100km/h 的加速测试作为加速性能测试的方法。

对于 M2、M3 类纯电动汽车，对加速性的测试有 0～30km/h 加速性能和 30～50km/h 加速性能两个测试。

比如，在进行 0～50km/h 加速性能试验前，试验准备阶段与最高车速试验时的准备相同；将试验车辆停放在试验道路的起始位置，并起动车辆，将加速踏板快速踩到底，使车辆加速到（50±1）km/h；如果装有离合器和变速器，则将变速器置入该车的起步档位，迅速起步；将加速踏板快速踩到底，换入适当档位，使车辆加速到（50±1）km/h；记录从踩下加速踏板到车速达到（50±1）km/h 的时间；以相反方向行驶再做一次相同的试验。0～50km/h 加速性能是两次测得时间的算术平均值，单位为 s。

在进行 50～80km/h 加速性能试验前，试验准备阶段与最高车速试验时的准备相同；然后将试验车辆加速到（50±1）km/h，并保持这个车速行驶 0.5km 以上；将加速踏板踩到底，或使用离合器和变速杆（如果装有的话）将车辆加速到（80±1）km/h；记录从踩下加速踏板到车速达到（80±1）km/h 的时间或如果最高车速小于 89km/h，则应达到最高车速的 90%，并应在报告中记录下最后的车速；以相反方向行驶再做一次相同的试验。50～80km/h 加速性能是两次测得时间的算术平均值，单位为 s。

2. 对经济性的评估

对于经济性评估，不同的国家，在选择循环工况和方案时有着不同的规定和标准。我国根据 GB/T 18386—2005 确定能量消耗率和续驶里程应该使用相同的试验程序，试验条件也按其要求准备。

在进行经济性评估试验前，对动力动力电池充电，测量来自电网的能量。除非车辆制造厂或动力电池制造厂有其他的规定，动力电池的初次充电可以按照 GB/T 18385—2005 规定的充电程序为动力电池充电，使动力电池达到全充满。具体内容在动力性最高车速中已说明。

试验车辆应依据每项试验的技术要求加载；在环境温度下，试验（在环形跑道上或在底盘测功机上）车辆的轮胎气压应符合车辆制造厂的规定；机械运动部件用润滑油的黏度应符合制造厂的规定；车上的照明、信号装置以及辅助设备应该关闭，除非试验和车辆白天运行对这些装置有要求；除驱动用途外，所有的储能系统应充到制造厂规定的最大值（电能、液压、气压等）；试验驾驶人应按车辆制造厂推荐的操作程序使动力电池在正常运行温度下工作；试验前，试验车辆应至少用安装在试验车辆上的动力电池行驶 300km；在 5~32℃ 环境温度下进行室外试验；在 20~30℃ 室温下进行室内试验。

在进行经济性评估的试验中，应进行工况或等速条件下的续驶里程试验，以下是对等速法的介绍。

记录动力电池充电结束时刻，在此之后 4h 之内开始按照规定的试验程序进行试验。在试验进行期间，如果车辆需要移动，那么要注意不允许使用车上的动力将车辆移动到下一个试验地点（不允许使用制动能量回收）。

(1) 适用于 M1、N1 类车的等速法

试验条件应符合 GB/T 18385—2005 中的规定。在道路上进行 (60 ± 2) km/h 的等速试验。试验过程中允许停车两次，每次停车时间不允许超过 2min，当车辆的行驶速度达不到 54km/h 时停止试验。

记录试验期间试验车辆的停车次数和停车时间。试验结束后，记录试验车辆驶过的距离 D，用 km 来表示；测量值按四舍五入圆整到整数，该距离即为等速法测量的续驶里程；同时记录用 h 和 min 表示的所用时间。

(2) 适用于 M1、N1 类以外的纯电动汽车的等速法

试验条件应符合 GB/T 18385—2005 中的规定。在道路上进行 (40 ± 2) km/h 的等速试验。试验过程中允许停车两次，每次停车时间不允许超过 2min，当车

辆的行驶速度达不到36km/h时停止试验。

记录试验期间试验车辆的停车次数和停车时间。试验结束后，记录试验车辆驶过的距离 D，用 km 来表示；测量值按四舍五入圆整到整数，该距离即为等速法测量的续驶里程；同时记录用 h 和 min 表示的所用时间。

试验后，在2h之内将车辆与电网连接，按照 GB/T 18385—2005 的规定为车辆的动力电池充满电。在电网与车辆充电器之间连接能量测量装置，在充电期间测量来自电网的用瓦时（W·h）表示的能量。

在进行经济性评估试验后，计算能量消耗率 $C = E/D$，单位为 W·h/km，将结果圆整到整数。式中，E 为充电期间来自电网的能量，单位为 W·h；D 为试验期间行驶的总距离即续驶里程，单位为 km。

问题12　现代纯电动汽车有哪些关键技术？

现代电动汽车横跨机械、电力、化工、信息、材料、交通等多个行业，融合了电化学、电力电子技术、控制工程、通信技术等多学科理论与技术，是一个多学科、跨领域、复杂的技术产品。

车身、底盘、动力电池组、电机、电机控制器和辅助设备是纯电动汽车的主要构成部分。总结起来，现代纯电动汽车的关键技术有：

1. 电机及其控制技术

驱动电机是电动汽车的关键部件。为了使纯电动汽车具备良好的行驶性能，驱动电机应该具有调速范围宽、转速高、转矩大等基本特征，另外要质量轻，体积小，机械效率高，制动效能高，具有能量回收的性能。

实现电动汽车各种驱动方案的关键技术是各驱动轮电机的调速控制和行驶系统的控制。在机电一体化快速应用的时代，智能数字化的控制系统得到了广泛应用。自适应、变结构、遗传算法模糊、神经网络等非线性的智能控制技术也会被快速地应用于电机控制系统。合理使用这些技术将使系统结构更加优化、响应更加灵敏、抗干扰能力更强，这将大大提高整个系统的综合性能。

2. 电池及管理技术

电池是电动汽车的动力源泉，也是一直制约电动汽车发展的关键因素。电动汽车电池要求比能量高、比功率大、使用寿命长，但目前的电池能量密度低，电池组过重，续驶里程短，循环寿命有限。

电池性能直接影响整车的加速性能、续驶里程以及制动能量回收的效率等。一个优秀的电池能量管理系统不仅能够延长电池的使用寿命，而且可以增加电动汽车的续驶里程。

3. 整车控制技术

整车控制技术主要指的是整车网络化控制和整车控制器开发，其中整车控制器开发包括软、硬件设计。实现整车网络化控制，可以解决汽车电子化中出现的线路复杂和线束增加问题。一个先进高效的控制体系结构，可以使电动汽车各动力系统之间的数据交换满足简单迅速、可靠性高、抗干扰能力强、实时性好、系统错误检测和隔离能力强等要求。

4. 整车轻量化技术

纯电动汽车由于布置了电池组，整车重量增加较多。如何减轻整车质量，增加其续驶里程，始终是电动汽车技术中重要的研究内容。

第 3 章

插电式混合动力（增程式）电动汽车

插电式混合动力（增程式）电动汽车是用发动机进行发电、用电机进行驱动的车辆。当电池组电量充足时，采用纯电动模式行驶；当电量不足时，车内发动机起动，带动发电机为动力电池充电，提供电机运行的电力。

问题 13　混合动力系统按照混合度是如何分类的？

混合动力一般是指油电混合动力，以及燃料驱动和电能驱动的结合。

在混合动力系统中，常用电机的输出功率在整个系统输出功率中占的比重，也就是常说的混合度来表示不同程度的混合动力系统。混合度（H）计算方式如下：

$$H = \frac{P_{elec}}{P_{total}} \times 100\%$$

式中，P_{elec} 为电机输出功率；P_{total} 为动力源总功率。

根据混合度的不同，可分为：

① 弱混合动力系统，也称微混合动力系统，$H < 10\%$。

② 轻度混合动力系统，$H < 20\%$。

③ 中度混合动力系统，$H < 30\%$。

④ 重度混合动力系统，也称全混合动力系统、强混合动力系统，H 一般在 50%。

⑤ 插电式混合动力系统包括增程式电动汽车动力系统，$H > 50\%$。

其分类如图 3-1 所示。

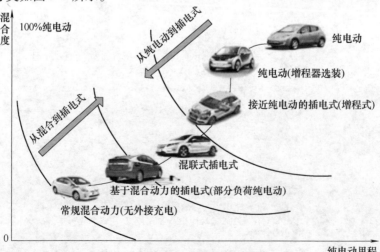

图 3-1　按照混合度分类的车型

问题 14　什么是插电式混合动力电动汽车？

插电式混合动力电动汽车（Plug-in Hybrid Electric Vehicle，PHEV）是指可使用电力网（包括家用电源插座）对车载可充电动力电池进行充电的混合动力汽车。这里的"插电"与燃料电池的（比如氢燃料电池）"充燃料"相对应。

简单地说，PHEV 就是介于电动汽车与燃油汽车两者之间的一种汽车。它既有传统汽车的发动机、变速器、传动系统、油路、油箱，也有电动汽车的电池、电机和控制电路，并且电池容量比较大，有充电接口。PHEV 通常具有更长的纯电动行驶里程，也可以以普通的混合动力汽车方式工作。

一款 PHEV 可用动力电池行驶 50km，在电量耗尽时混合动力系统将自动介入推动车辆前进，而到了充电站或回家后，可用外接电源直接为动力电池充电以继续用纯电动模式行驶。

图 3-2 所示为丰田普锐斯插电式混合动力轿车透视图。

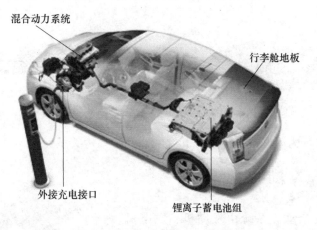

图 3-2　普锐斯 PHEV 透视图

 问题 15　插电式混合动力电动汽车（PHEV）有什么特点？

与其他混合动力汽车相比，插电式混合动力电动汽车（PHEV）具有如下的几个特点：

① 与普通燃油汽车相比，PHEV 最大的特点是将纯电动驱动系统和混合动力驱动系统相结合。短距离行驶时采用纯电动驱动，长距离行驶时采用混合动力驱动系统，可以减少有害气体、温室气体的排放，大大降低整车的燃油消耗，提高燃油经济性。

② 与纯电动汽车比较，PHEV 不仅具有纯电动汽车的全部优点，而且在相同行驶里程条件下 PHEV 的电池组比较小，电池容量只需要纯电动汽车的 30%～40%，无须配备大容量的动力电池，可以大幅降低制造成本；当电池组 SOC 值降低到一定限值时，转为电量维持模式运行，避免了电池组的过放电，有效延长电池寿命；不需要周转电池，可在停车场进行充电，不需要建立充电站，不需要大量的换电设施和工作人员，降低了成本。

③ 与混合动力电动汽车比较，PHEV 最大的特点是配有一种车载充电装置的电动汽车，可利用外部公用电网（主要是晚间低谷电力）对车载动力电池进行均衡充电，减少对石油的依赖，同时又能改善电厂发电机组效率，削峰填谷缓解供电压力。

问题 16　插电式混合动力电动汽车的动力系统有哪些结构？

根据混合动力系统的混合方式，插电式混合动力电动汽车（PHEV）的混合动力系统主要分为串联式、并联式和混联式三种结构类型。

1. 串联式结构

串联式混合动力系统由发动机、发电机、逆变器、电机和动力电池组成，如图 3-3 所示。

发动机带动发电机发电，所产生的电能通过电机控制器提供给电机，再由电机转化为动能后驱动车辆。动力电池对在发电机产生的电能和电机需要的电能之间进行调节，从而保证车辆在各种行驶工况下的功率需求。串联式混

图 3-3　串联式混合动力系统

合动力系统的特点是通过电方式实现动力耦合,逆变器也是动力耦合器。系统中有两个电源,即动力电池和发电机,这两个电源通过逆变器串联在回路中,动力的流向为串联,所以称为串联式混合动力系统。

在行驶过程中,车辆首先消耗储存在动力电池当中的电能,由动力电池向电机供电。当动力电池电能消耗到目标 SOC 值时,起动发动机/发电机给动力电池充电或者直接向电机供电驱动车辆前进。

2. 并联式结构

并联式混合动力系统由发动机、耦合器、电机、逆变器和动力电池组成。如图 3-4 所示。

在并联式混合动力系统中,电机既可作为电动机使用,也可作为发电机使用。采用并联式混合动力系统的汽车有两个独立的驱动系统,大多是在传统燃油车的基础上增加电机、电池、电控系统而成。车辆驱动力由发动机和电机同时或单独供给,也就是说,两个动力系统既可以同时协调工作,也可以各自单独工作来驱动汽车。当两个动力系统同时工作时,以机械方式实现动力耦合,动力的流向为并联,所以称为并联式混合动力系统。

3. 混联式结构

混联式混合动力系统由发动机、动力分配机构、发电机、逆变器、电机和动力电池组成,如图 3-5 所示。

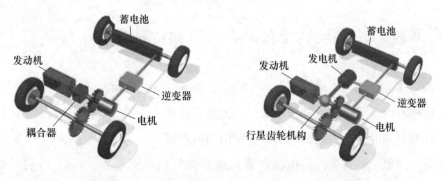

图 3-4　并联式混合动力系统　　　图 3-5　混联式混合动力系统

在混联式混合动力系统中,发动机的动力经过动力分配器后分成两部分:一部分直接驱动车辆，形成机械传输通道；另一部分带动发电机发电，所产生的电能通过逆变器提供给电机驱动车辆，形成电力传输通道。通过调整发电机转速，可以控制机械传输通道和电力传输通道的动力分配比例。这个系统具有双重特征，一是电力传输通道和动力电池之间以电方式实现动力耦合，动力的流向为串联；二是机械传输通道和电机之间以机械方式实现动力耦合，动力的流向为并联。因此，称为混联式混合动力系统。

上述三种混合动力系统的优缺点见表3-1。

表3-1 不同类型插电式混合动力系统的优缺点

项目	优势	劣势
串联式插电混合	发动机和驱动轮之间没有机械连接，因此发动机可以工作在其速度-转矩图的任何点上 发动机和驱动轮之间实现了完全的机械解耦，动力总成的控制策略简单	需要匹配较大功率的电机 能量总体损失比较大，转化效率低 主要适用于城市工况
并联式插电混合	电机、发动机共同驱动车轮，没有功率浪费问题 在纯电模式下，具有电动汽车的安静、使用成本低优点 混合动力模式下，有非常好的起步转矩，加速性能出色	混合动力模式下，发动机的工作点不可能总处于最佳区域，油耗比较高，发动机效率得不到充分发挥 需要搭载变速器，且适合搭载自动变速器
混联式插电混合	具备串联式和并联式混合动力系统的优点，无论汽车的运行工况多么复杂、多变，都能使动力系统工作在最优状态，实现较好的燃油经济性和排放	总体成本较高 车的总重量也会大些 控制系统相对复杂，成本有所提高

问题17　插电式混合动力机电耦合系统是什么？

插电式混合动力电动汽车（PHEV）是内燃机与电机两种动力混合驱动的车辆，这种混合是通过机电耦合系统的动力耦合作用实现的。

在插电式混合动力电动汽车中，所谓的机电耦合，是内燃机、电机与动力输出之间相互影响的现象。机电耦合系统则是能使内燃机（T_c，n_c）、电机（T_m，n_m）和动力输出（T，n）之间产生一定影响关系的机构，可以简单理解为混合动力汽车的动力分配系统，如图3-6所示。图中T_{ci}、n_{ci}为第i个内燃机传递给耦合系统的转矩和转速;T_{mi}、n_{mi} 为第 i 个电机传递给耦合系统的转矩和转速(i = 1,2,…,N);T、n 分别为机电耦合系统输出的转矩和转速。

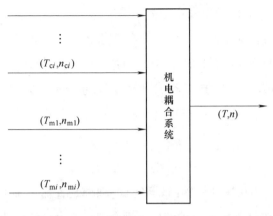

图 3-6 机电耦合示意图

问题 18 插电式混合动力机电耦合系统主要有哪些类型?

稳态下插电式混合动力电动汽车机电耦合系统的数学模型归纳为两个耦合条件:转矩耦合条件及转速耦合条件。

插电式混合动力系统至少需满足上述条件中的一个,才能实现动力混合的目的。因此可将机电耦合系统分为以下三种基本类型:

① 只满足转矩耦合条件而不满足转速耦合条件,称为转矩耦合系统。
② 只满足转速耦合条件而不满足转矩耦合条件,称为转速耦合系统。
③ 既满足转矩耦合条件,又满足转速耦合条件,称为功率耦合系统。

近年来出现了第四类耦合系统即双模式耦合系统。双模式耦合系统实际上是使用一些特殊的机构,如离合器、制动器等对上述三类基本耦合系统进行合理组合,从而实现在不同工况下不同耦合方式之间的切换,以进一步提高整车性能。

问题 19 插电式混合动力机电耦合系统的原理是什么?

对四种不同的插电式混合动力机电耦合系统的原理介绍如下。

1. 转矩耦合系统

转矩系耦合是混合动力电动汽车较早采用的一种动力耦合方式，如东风公司 EQ7200 基于机械式自动变速器（AMT）的耦合系统，日本五十铃公司小型混合动力载货车 ELF 基于动力输出轴（PTO）的耦合系统，福特公司基于主减速器的机电耦合系统，以及一些基于双驱动桥间的耦合系统都可以归为如图 3-7 所示的传动系耦合系统，且在稳态下都可简化为

$$T = \eta_{c1} i_{c1} T_{c1} + \eta_{m1} i_{m1} T_{m1} \tag{3-1}$$

$$\omega = \eta_{c1}/i_{c1} = \eta_{m1}/i_{m1} \tag{3-2}$$

式中，i_{c1} 和 η_{c1} 分别为从发动机输出轴到机电耦合装置输出轴的传动比和传动效率；i_{m1} 和 η_{m1} 分别为从电机输出轴到机电耦合装置输出轴的传动比和传动效率。

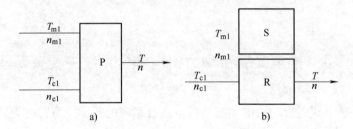

图 3-7 转矩耦合系统
P—传动系　S—定子　R—转子

令 $\alpha_{c1} = \eta_{c1} i_{c1}$，$\alpha_{m1} = \eta_{m1} i_{m1}$，$\beta_{c1} = 1/i_{c1}$，$\beta_{m1} = 1/i_{m1}$，则有

$$T = \alpha_{c1} T_{c1} + \alpha_{m1} T_{m1} \quad (\alpha_{c1} \neq 0, \alpha_{m1} \neq 0) \tag{3-3}$$

$$\omega = \beta_{c1} n_{c1} = \beta_{m1} n_{m1} \quad (\beta_{c1} \neq 0, \beta_{m1} \neq 0) \tag{3-4}$$

显然，该系统满足转矩耦合条件，但不满足转速耦合条件，属于转矩耦合系统。

利用电机进行动力耦合也是目前采用较多的机电耦合方式，最为典型的是本田 Insight 的 IMA 系统、长安的 ISG 系统等，这些系统都可简化为图 3-7b 所示的电机耦合系统，且有

$$T = T_{c1} + T_{m1} \tag{3-5}$$

$$n = n_{c1} = n_{m1} \tag{3-6}$$

显然，该系统也可以满足转矩耦合条件，但不满足转速耦合条件，因此也属

于转矩耦合系统。

由式（3-1）~式（3-6）可知，转矩耦合系统的输出转速与发动机及电机转速之间成固定比例关系，而系统的输出转矩是发动机和电机转矩的线性和。因此，在汽车行驶过程中，发动机的转速不可控，而转矩可以通过电机的转矩调整得到控制。

2. 转速耦合系统

行星排是混合动力汽车机电耦合系统中经常使用的机构，按照形式不同又可分为单行星排、双行星排和多行星排。北京理工大学与波兰华沙工业大学联合研制出混合动力汽车用紧凑型行星传动混合动力装置，其原理如图3-8a所示，显然稳态下其输入输出之间有如下关系

$$T = -\frac{\eta_s(k+1)}{\eta_c}T_{c1} = -\frac{\eta_r(k+1)}{\eta_c}T_{m1} \tag{3-7}$$

$$\omega = n_{c1}/(k+1) + kn_{m1}/(k+1) \tag{3-8}$$

式中，k为齿圈与太阳轮的齿数比；η_s、η_r、η_c分别为太阳轮、齿圈和行星架的传动效率。

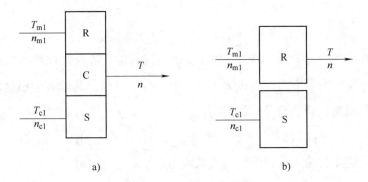

图3-8 转速耦合系统
R—齿圈 C—行星架 S—太阳轮

根据设计需要，还可以将系统的两个输入和一个输出与行星排的S、R和C之间任意组合，从而衍生出更多的形式，但输入输出量之间的关系都与式（3-7）和式（3-8）相同，只是系数不同而已。

定子浮动式电机是另一类比较典型的耦合系统，如图3-8b所示，稳态下输

入与输出间关系为

$$T = T_{c1} = T_{m1} \tag{3-9}$$

$$\begin{cases} n_{m1} = n_R - n_S = n - n_{c1} \\ n = n_{c1} + n_{m1} \end{cases} \tag{3-10}$$

式中，n_R、n_S 分别为转子和定子的转速。

由上述方程可知，这两类系统都可以使转速耦合条件得到满足，但转矩耦合条件不能满足，因此都属于转速耦合系统。

由式 (3-7)~式 (3-10) 可知，转速耦合系统的输出转矩与发动机和电机转矩成比例关系，系统的输出转速是发动机和电机转速的线性和。因此，在汽车行驶过程中，发动机的转矩不可控，发动机的转速可以通过对电机的转速调整而得到控制。

3. 功率耦合系统

丰田普锐斯采用图 3-9a 所示的单行星排耦合系统，其中电机 1 为发电机，电机 2 为电动机，其输入与输出之间的关系为

$$n = (k+1)n_{c1}/k - n_{m1}/k = 0 \tag{3-11}$$

$$T = -k\eta_{c1}T_{c1}/(k+1) + \eta_{m2}T_{m2} \tag{3-12}$$

雷克萨斯的混合动力 SUV RX400h 采用图 3-9b 所示的双行星排机电耦合系统，其中电机 1 为发电机，电机 2 为电动机，分析可知，其输入输出之间关系在形式上与普锐斯相同，只是系数不同。

瑞典皇家工学院提出了一种双转子电机耦合系统，如图 3-9c 所示。根据该结构原理，建立其输入与输出之间关系式为

$$n = n_{c1} - n_{m1} \tag{3-13}$$

$$T = T_{c1} - T_{m2} \tag{3-14}$$

由式 (3-11)~式 (3-14) 可知，这三类系统都能使转矩耦合条件和转速耦合条件同时得到满足，因此都属于功率耦合系统。

功率耦合系统的输出转矩与转速分别是发动机与电机转矩和转速的线性和，因此发动机的转矩和转速都可控。

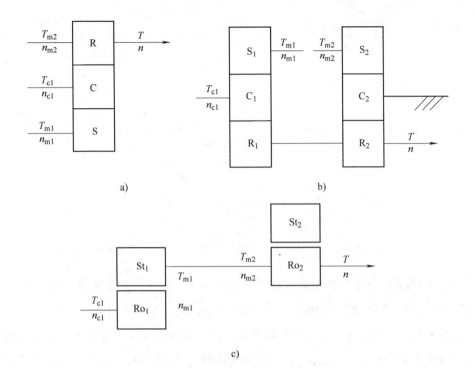

图 3-9 功率耦合系统

4. 双模式耦合系统

得克萨斯农机大学开发的混合动力汽车采用一种双模式电机耦合系统,它由一个定子浮动式电机和 3 个离合器组成,其连接关系可以简化,如图 3-10a 所示。该系统可为汽车提供两种混合驱动模式。

① 转矩耦合模式:CL_1 接合,CL_2 分离,CL_3 接合,此时该系统就变成了图 3-7b 中的电机耦合系统,因此被称为转矩耦合模式。

② 转速耦合模式:CL_1 分离,CL_2 接合,CL_3 分离,此时该系统就变成了图 3-8b 中的定子浮动式电机耦合系统,因此被称作转速耦合模式。

美国 GM 公司开发出一种基于双行星排的双模式机电耦合系统 AHS-2,如图 3-10b 所示,该系统可以为车辆提供两种混合驱动模式。

① 低速模式:当车辆在城市道路或轻载状况下行驶时,CL_1 分离,CL_2 接合,此时行星排 1 处于差动状态,行星排 2 处于转矩合成状态,机电耦合系统工作于低速模式。

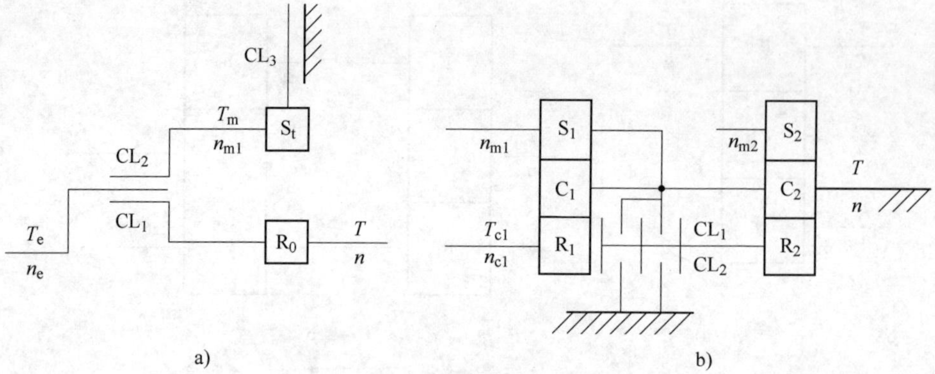

图 3-10 双模式耦合系统

CL_1—离合器 CL_2—离合器 CL_3—离合器 S_t—定子 R_0—转子

② 高速模式：当车辆在高速公路或重载条下行驶时，CL_1 接合，CL_2 分离，此时行星排 1、2 都处于差动状态，机电耦合系统工作于高速模式。

按照上述分析，容易推导出两种模式下的耦合系统输入与输出之间关系方程式，其形式都与图 3-8b 所示的双行星排功率耦合系统相同，因此这两种模式下的耦合方式都属于功率耦合。

问题 20　不同类型的插电式混合动力机电耦合系统有哪些优缺点？

混合动力电动汽车研究的主要目的是在不牺牲动力性的前提下降低发动机的油耗和排放，因此评价机电耦合系统优劣的主要依据为是否有利于优化发动机的工作状况，从而降低油耗和排放。

不同类型插电式混合动力系统机电耦合系统的优缺点见表 3-2。

表 3-2　不同类型插电式混合动力系统机电耦合系统的优缺点

项目	优势	劣势
转矩耦合系统	结构简单，传动效率高，而且无须专门设计耦合机构，便于在原车基础上改装	发动机的转矩可控，转速不可控；为使发动机工作点在经济工作区，需要增加一个两档或多档变速器

（续）

项目	优势	劣势
转速耦合系统	采用转速耦合系统的混合动力汽车无需无级变速器便可以实现整车的无级变速	发动机的转矩不可控，转速可控；为使发动机工作点在经济工作区，需要增加一个两档或多档变速器
功率耦合系统	发动机的转矩和转速都可以自由控制，不受汽车所处工况的影响；理论上可以通过调整电机的转速和转矩，使发动机在最低油耗点工作 采用功率耦合系统的混合动力汽车理论上不需要离合器和变速器 对发动机工作点的优化以及在整车变速方面都更具优越性	
双模式耦合系统	双模式耦合系统是 3 种基本耦合系统的组合应用，能够进一步优化发动机的工作区域，扩大汽车的变速范围，从而进一步提高整车性能，因此具有更大的节能潜力和更好的发展前景，成为混合动力系统研究的新热点	

 问题 21　插电式混合动力汽车主要有哪些工作模式？

插电式混合动力汽车（PHEV）的工作模式主要分为行车模式和停车充电模式。行车模式可以分为电量消耗模式和电量保持模式。PHEV 工作模式的状态转换逻辑框图如图 3-11 所示。

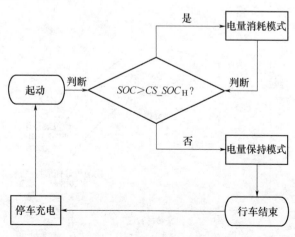

图 3-11　PHEV 工作模式的状态转换逻辑框图

PHEV 动力电池组充满电后，首先以电量消耗模式运行，此时车辆主要以消耗动力电池存储的电能为主。当动力电池组剩余电量（SOC）达到某一目标值时（CS_SOCr），车辆以电量保持模式运行。在该阶段，车辆主要以消耗燃油为主，而且，动力电池 SOC 组维持在一定范围内。

问题 22　插电式混合动力汽车电量消耗模式的控制策略是怎样的？

当插电式混合动力汽车（PHEV）工作在电量消耗模式时，PHEV 可以由电机单独驱动，也可以由电机和发动机联合驱动。根据发动机是否参与工作，电量消耗模式又可分为电量消耗-纯电动模式和电量消耗-混合驱动模式。

在电量消耗-混合驱动模式阶段，发动机和电机都可以运行，且发动机不给动力电池充电，车辆由发动机和电机交替或同时驱动车辆，发动机被约束运行在其最佳燃油经济性区域，具体细节如下：发动机运行在转矩上限和下限之间时，发动机单独驱动车辆；当所要求的发动机转矩低于发动机转矩下限时，发动机关闭，而由电机单独驱动车辆。

图 3-12 描绘了发动机的运行区域，图中曲线 1、曲线 2 分别代表发动机最佳运行区域上限和下限，n_1 为发动机运行最低转速，发动机只运行在转速大于 n_1

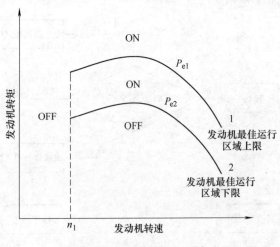

图 3-12　发动机运行区域

的转速范围。当所要求的发动机转矩大于发动机转矩上限时，控制发动机运行在该界限上，而剩余的转矩则由电机提供；当所要求的发动机转矩位于发动机运行转矩上限和下限之间时，发动机单独驱动车辆；当所要求的发动机转矩低于发动机转矩下限时，发动机关闭，而由电机单独驱动车辆。

这样，发动机的运行模式被约束在其最佳燃油经济性区域。在该阶段，动力电池 SOC 逐渐减少，直至进入电量保持模式。图 3-13 所示为电量消耗模式控制流程图。

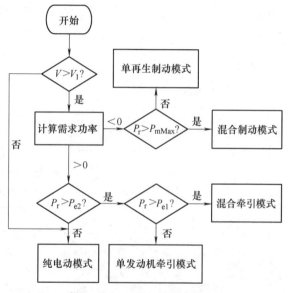

图 3-13　电量消耗模式控制流程图

在图 3-13 中，V 表示车辆车速；V_1 表示车辆在最低档，由发动机单独驱动时低于发动机转速为 n_1 时的车速；P_r 为来自加速踏板，是由驾驶人给出的驱动功率指令；P_{e1} 为发动机输出功率设置在最佳运行线上限所产生的功率；P_{e2} 为发动机输出功率设置在最佳运行线下限所产生的功率；P_{mMax} 为电系统所能提供的再生最大制动功率。

问题 23　插电式混合动力汽车电量保持模式的控制策略是怎样的？

在插电式混合动力汽车电量保持模式下，控制策略既要避免动力电池组过度放电,又要防止动力电池组 SOC 过度上升(过度充电),即动力电池组 SOC 要维持在一个适当范围内。因此,在该阶段,整车功率需求主要由发动机提供,动力电池组只起到"削峰填谷"的作用。发动机运行在最佳运行线上,当发动机输出功率无法满足行车需求时,动力电池为电机供电提供不足的功率部分,而当发动机输出功率大于行车需求功率时,动力电池又可以用于储存发动机多余的输出功率。

电量保持模式可根据电机工作状态的不同分为电量保持 – 纯电机驱动模式、电量保持 – 纯发动机驱动模式、电量保持 – 混合驱动模式和电量保持 – 发动机驱动且充电模式、单再生制动模式及混合制动模式。

电量保持阶段的控制流程如图 3-14 所示。

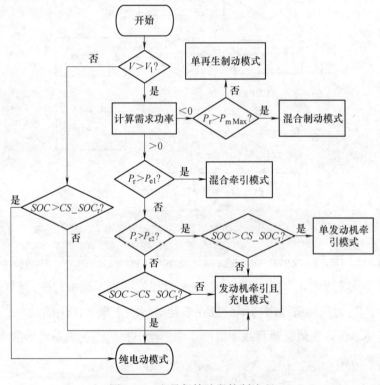

图 3-14　电量保持阶段控制流程

问题 24　什么是增程式电动汽车?

增程式电动汽车(Extenged-Range Electric Vehicle,E-REV)是以电能为主

要驱动能源、发动机为辅助动力源的一种兼有外接电源充电和车载自供电功能的电动汽车。

E-REV 在纯电动汽车的基础上，装备一个小型的辅助发电机组以备电池电量不足时为电池充电。这个小型辅助发电机组简称为"增程器"。增程器作为车载供电系统，进一步增加车辆的续驶里程，使其能够尽量避免频繁的停车充电。

E-REV 的内部只有一套电力驱动系统，包括电机、控制电路、电池。电机直接驱动车轮，发动机则用来于驱动发电机给电池进行充电。发动机并不直接驱动车轮，因此也不需要变速器。这相当于在普通的电动汽车上装载了一台汽油/柴油发电机。

E-REV 的结构和动力性能都接近纯电动汽车，起动后的发动机可在最佳燃油经济区输出功率和转矩，提高了燃油经济性。E-REV 首先依靠自身的动力电池行驶，此时发动机不起动；当电池的电量下降到一定程度时，起动发动机驱动发电机发电所产生的电能直接参与车辆的驱动，若产生的电量有富余，则可以存储到动力电池中。

图 3-15 所示为宝马 i3 增程式电动汽车的构型图。

图 3-15　宝马 i3 构型图

问题 25　增程式电动汽车有什么特点？

与其他混合动力汽车相比，增程式电动汽车（E-REV）的特点有：

① 与纯电动汽车比较，E-REV 的特点与 PHEV 类似，都可以减小动力电池的容量，降低了成本，且增加了续驶里程。

② 与传统混合动力汽车比较，E-REV 最大的特点是也可以进行外接充电的混合动力汽车，尽可能利用晚间低谷电或午间驾乘人员的休整间隙充电，进一步提高了能源利用率；E-REV 采用电机直驱，无变速器和离合器，结构简单；采取电池扩容的方式，增加了纯电动工作模式的行驶距离。

③ 与插电式混合动力汽车比较，E-REV 最大的特点是由于动力电池容量的增大以及驱动系统设计的不同，E-REV 在电能充足的条件下行驶时，发动机不参与工作。也就是说，E-REV 必须在所有的工作模式下都维持纯电驱动模式。因此，这种类型的车辆不需要像 PHEV 那样对其工作模式进行特定的说明。E-REV 采用电机直驱，结构简单，而 PHEV 采用机械动力混合结构，有离合器、变速器等，结构较复杂。在增程器设计方面，E-REV 允许将发动机的功率显著降低，发动机所提供的动力不需要达到车辆动力性能所需的峰值功率，仅满足车辆行驶所需要的持续动力需求即可。

问题 26 增程式电动汽车（E-REV）的动力系统是哪种结构？

增程式电动汽车采用电机直接驱动的设计，因此采用的是串联式混合动力系统结构。

E-REV 动力系统在组成上与串联 PHEV 的动力系统类似，但 E-REV 允许将发动机的功率显著降低，满足车辆行驶时所需要的持续动力即可，不需要像串联 PHEV 中的发动机达到车辆动力性能所需的峰值功率。E-REV 的第一种工作模式为纯电动模式，与发动机和发电机无关，电池是唯一的动力源。这种工作模式相当于一辆纯电动汽车，与串联式 PHEV 中的电池供电运行模式相同；在电池的电量达到预设的 SOC 目标值时，会切换成第二种工作模式，即增程模式，发动机运行在最佳的状况，让发电机发电，一部分用于驱动车辆行驶，多余的电量则为动力电池充电，与串联式 PHEV 中的发动机/发电机供电运行模式、发动机/发电机供电并给动力电池充电的运行模式类似。

问题 27　什么是电动汽车的增程器？

顾名思义，增程器是为了增加电动汽车行驶里程而加装在电动汽车上的一个附加储能部件。

它是发动机、发电机和发电机驱动控制装置共同组成了一个辅助动力单元（Auxiliary Power Unit，APU），也称为增程器系统，它只提供电能，用来驱动电机或者为动力电池充电。

图 3-16 所示为增程式电动汽车动力系统的结构。

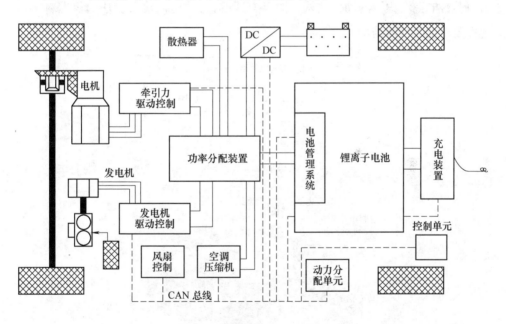

图 3-16　增程式电动汽车动力系统的结构
注：粗线表示机械连接，细线表示电气连接，虚线表示 CAN 总线连接。

问题 28　增程器主要有哪些类型？

增程器可以按结构组成、布置位置等方式进行分类。

1. 按结构组成分类

按照增程器的结构组成,将目前已有的增程器分为以下几种:

① 大容量动力电池增程器:其优点是便于统一标准和规格,研发周期短,成本低,容易实现量产。但是因为这种增程器是基于传统的动力电池,所以不可避免地存在能量密度较低、体积偏大、成本高等缺点,短距离行驶时的优势明显不足。

② 燃料电池增程器:为了达到尽量避免使用燃油、实现零排放的目标,燃料电池增程器成为一种新的选择。可以采用功率为 5~10kW 的小型燃料电池作为增程器,与车载主动力电池协同工作,延长电动汽车的续驶里程。图 3-17 所示为燃料电池增程器的动力结构,图 3-18 所示为采用模块布置法的氢燃料电池增程器系统的整体结构。

图 3-17 燃料电池增程器的动力结构

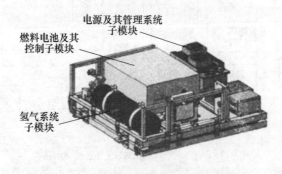

图 3-18 氢燃料电池增程器系统的整体结构

目前燃料电池增程器处于开发阶段,从整车集成方面的要求来讲,需要克服的技术问题比较多。要求空压机体积小、重量轻,并需要良好的散热装置;要求压缩机有较大的空气压缩比,同时保证输出的空气流量相对较小。因此要使燃料电池增程器能够成熟地运用于 E-REV,需要克服以上技术问题,目前在 E-REV

上的应用还处于研发阶段。

③ 发动机/发电机组增程器：发动机/发电机组增程器可以采用多种发动机与发电机进行组合成为增程式系统，可供选择的发动机有传统的活塞式发动机、转子发动机、小型燃气轮机等。因为这种增程系统的电能由发动机提供，经历了发动机/发电机的能量转换过程，所以发电机功率要大于增程系统功率。发动机到发电机之间存在能量损失，要求发动机功率大于发电机功率，在满足以上结构和配置的基础上，保证发动机和发电机都工作在转矩/转速高效率区内。发动机/发电机组的增程系统是目前应用最多和技术最成熟的增程系统。

2. 按布置位置分类

增程器包括发电装置和辅助能量存储装置，根据增程器与汽车的安装关系，增程器的安装位置可以分为挂车式、插拔式和车载式三种。

① 挂车式增程器：挂车式增程器安装在拖车上，根据行驶距离的不同来决定是否使用增程器，出行前需要对出行距离做出预估，长距离行驶时需要拖挂增程器适时提供能量；市区短途行驶时取下拖车，此时完全变为一辆纯电动汽车使用。这种形式由于其结构的特殊性，实用性不高，更多的是应用于室内场馆车。其优点是增程器的输出功率能够根据需要设计，可以使用多种辅助燃料，但是缺乏使用的灵活性，拖车的质量和体积都比较大，不易倒车。在不确定是否需要长距离行驶时，或者有突发性事件，都给驾乘者造成了很大的不便，限制了随意驾驶的自由度。

② 插拔式增程器：插拔式增程器将增程器设置为可插拔的模块。考虑到短途行驶时，不需要携带增程器行驶，故提出了这种方案。这种增程器需要将增程器系统模块，包括控制器和 DC/DC 变换器集中在一起，做成一个方便拆卸的独立单元。在日常短途行驶时，将增程器系统整体从车上拆下，此时只用动力电池的电能驱动车辆行驶，完全变为纯电动汽车，减少了车辆的整备质量，提高了能量利用率；长途行驶时，将增程器模块通过机械及电气接口与整车动力系统相连，增加续驶里程。这种形式的增程器对设计的要求较高，并需要与动力部件及传动系统的合理匹配，在匹配的基础上要求的控制策略非常复杂，还要解决振动噪声等附加问题，所以目前的 E-REV 价格偏高。

③ 车载式增程器：车载式增程器与纯电动汽车的动力系统固定在一起，结构形式简单，动力系统可以方便地实现结构布置，提高了整车的空间利用率。与插拔式增程器相比，不需要在出行前对出行距离进行预估，也不需要频繁地对增程器进行拆卸和安装，是目前应用最多的增程器系统。

问题 29　增程式电动汽车的控制策略是怎样的？

因为增程式电动汽车具有发动机和动力电池两个能量源，所以需要良好的控制策略来实现两者的协调工作，提高整车性能，改善燃油经济性。

E-REV 运行按照动力电池的状态分为两种模式：一种是电量消耗（Charge Depleting，CD）状态；另一种是电量保持（Charge Sustain，CS）状态。两种模式转换与驱动功率分配如图 3-19 和图 3-20 所示。

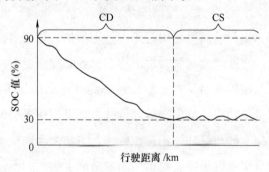

图 3-19　E-REV 汽车两种模式转换图

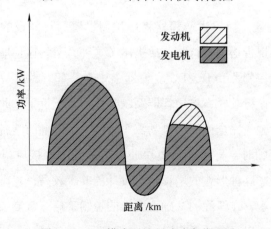

图 3-20　CD 模式下的驱动功率分配图

初始时刻,电池系统 SOC 处于最高值状态,车辆运行过程中,动力电池是唯一的动力源,驱动电机的功率完全由动力电池提供。此阶段由于 APU 系统完全关闭,动力电池荷电状态 SOC 呈下降趋势,降到 SOC 下限值进入电量保持阶段。E-REV 模式转换示意图如图 3-21 所示。

1. 纯电动驱动模式控制策略

CD 模式是 E-REV 车辆的主要运行模式,该阶段的控制也主要是对驱动电机的控制。驱动电机的控制接受上层控制层的需求转矩、转速等指令,然后根据驱动电机自身的特性计算出当前转速条件下所能发生的峰值转矩,将峰值转矩和需求转矩进行对比,判断得出此时驱动电机以峰值转矩工作还是以需求转矩工作。因为电机可以多象限运行,包括正转、正转制动、反转和反转制动,故整车控制器根据收集的不同需求信号来控制驱动电机的输出。为了确定动力电池的工作状态,需要驱动电机输出其功率。控制流程如图 3-22 所示。

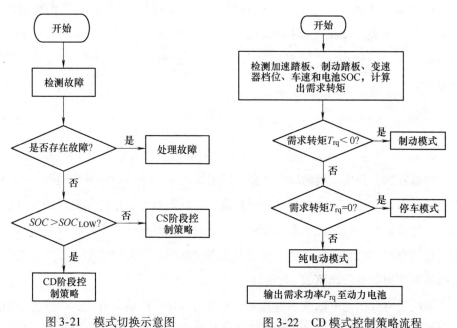

图 3-21　模式切换示意图　　　图 3-22　CD 模式控制策略流程

2. 增程式驱动模式控制策略

纯电动模式下,当车辆运行到动力电池的 SOC 值低于设定的最低门限值

SOC_H 时，增程器 APU 模块开启。此时，发动机工作于高效区域，带动发电机发电，为驱动电机提供电能来驱动车辆，并将多余的电能存储于动力电池中。E-REV 进入增程模式后，有两条能量传递路线：一条为发动机—发电机—传动系—电机；另一条路线是经过动力电池环节的能量传递，路线为发动机—发电机—动力电池—电动机。

为了比较两条能量传递路线的动力性和经济性，设在传动系统的最末端驱动电机的需求功率都为 P_{req}，发动机的输入功率分别设为 P_{e1} 和 P_{e2}。按照第一条路线，需求功率经过发电机的转化后传递给驱动电机，经过这样的能量转化后的发动机能量利用率较高，发动机输入功率为

$$P_{e1} = \frac{P_{req}}{\eta_{mc}\eta_g} \tag{3-15}$$

式中，η_{mc} 为电机的效率；η_g 为发动机到发电机的效率。

第二条能量传递路径是在发动机作为动力源且有剩余功率时，剩余的能量转化成电能存储在动力电池中。这种情况下发动机/发电机组提供的电能非常充足，也就是说发动机所提供的功率可以满足所有工况需求。当车辆行驶所需的功率或者转矩较小时，发动机富余能量提供给动力电池，此时的发动机输入功率为

$$P_{e2} = \frac{P_{req}}{\eta_{mc}\eta_g\eta_{dis}\eta_{ch}} \tag{3-16}$$

式中，η_{ch} 为动力电池的充电效率；η_{dis} 为动力电池的放电效率。

可以看出，在发动机的输出功率一定的情况下，第一条能量传递路线的经济性更好。因为电池的充放电效率相对较低，所以第二种能量传递路线的能量损失较大。但从整车运行工况来看，如果只采用第一种能量传递路线，所对应的发动机运行状态与传统发动机一样，能量利用率非常低。因为应根据不同的工况分析这两条不同的能量传递路线。

电池放电效率与电池的放电功率和电池内部存储的功率有关，根据发动机的万有特性曲线，标记出发动机燃油经济性的最优工作区，并计算动力电池的充电效率和放电效率。电池放电效率为

$$\eta_{dis} = \frac{P_{dis}}{P_{store}} \tag{3-17}$$

式中，P_{dis} 为放电功率；P_{store} 为电池内部存储功率。

放电功率为

$$P_{dis} = \frac{P_{req}}{\eta_t \eta_{mc}} \tag{3-18}$$

式中，P_{req} 为汽车需求功率。

电池充电效率为

$$\eta_{ch} = \frac{P_{store}}{P_{ch}} = \frac{P_{dis} + I_{dis}^2 R_{dis}}{P_{store} + I_{ch}^2 R_{ch}} \tag{3-19}$$

式中，P_{ch} 为充电功率；I_{dis} 为放电电流；I_{ch} 为充电电流；R_{dis} 为放电内阻；R_{ch} 为充电内阻。

放电电流为

$$I_{dis} = \frac{P_{dis}}{U_{dis}} \tag{3-20}$$

式中，U_{dis} 为放电电压。

充电电流为

$$I_{ch} = \frac{P_{store}}{U_{ch}} \tag{3-21}$$

式中，U_{ch} 为充电电压。

电机转速为

$$n_m(t) = \frac{1000 V k(t)}{2\pi \times 60 r} \tag{3-22}$$

式中，$k(t)$ 为车辆的传动比。

电机转矩为

$$T_m(t) = \frac{9550 P_{req}}{n_m(t)} \tag{3-23}$$

因为在 CS 模式下的动力电池，SOC 值变化不大，所以工况的不同对 U_{dis}、U_{ch} 和 R_{dis}、R_{ch} 等参数数值的影响很小。为了计算简便，将这 4 个参数看作常量。

通过以上的计算公式，结合匹配得到的部件参数，得出两种能最传递路线的发动机临界值为 P_r，发动机高效区域在 $n_{e1} \sim n_{e2}$，发动机的最优工作区域为 $P_{e1} \sim P_{e2}$。

因为动力电池在 SOC 值为 $SOC_H \sim SOC_{max}$ 时是高效放电区，所以将该区域设定为工作区。为了减少电池的充放电损失，提高能量转换效率，动力电池 SOC 的工作区间应该在其充放电时内阻相对较低的区域。另外，使电池电量保持在中间 SOC 值范围内，能有效延长电池寿命。

为了保证车辆运行时电池能够随时高效地输出和接收电能以及保证电池的安全性，能量管理策略需要维持动力电池 SOC 的平衡。电池的 SOC 工作范围与需要主动充电的 SOC 工作区间如图 3-23 所示，图中内阻值为单个模块的内阻。

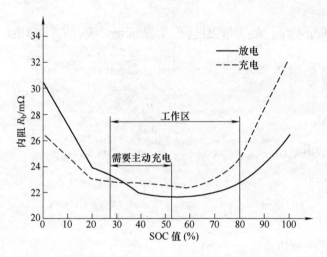

图 3-23 动力电池内阻随 SOC 值变化的工作范围和充放电区间

通过对发动机工作区域的划分以及动力电池最优充放电 SOC 区域值的划分，将驱动模式下的工作状态分为 6 个区域，见表 3-3。此外，将需求功率小于 0 的状态，定义为制动能量回收阶段。

表 3-3 增程模式工作状态

工作状态	SOC 条件	需求功率/kW
动力电池单独工作	$SOC_H < SOC < SOC_{max}$	$P_{req} > 0$
动力电池单独工作	$SOC_L < SOC < SOC_H$	$P_{req} < P_r$
发动机单独工作	$SOC_L < SOC < SOC_H$	$P_r < P_{req} < P_{e2}$
发动机和动力电池联合驱动	$SOC_L < SOC < SOC_H$	$P_{req} > P_{e2}$
发动机驱动发电	$SOC < SOC_L$	$P_{req} < P_{e2}$
发动机单独工作	$SOC < SOC_L$	$P_{req} > P_{e2}$

根据以上的工作状态，得出控制流程状态转换逻辑框图，如图 3-24 所示。

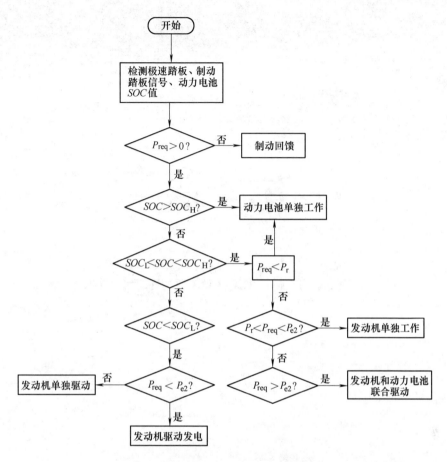

图 3-24　增程式电动汽车的状态转换逻辑框图

第 4 章

燃料电池汽车

燃料电池汽车是一种可以持续使用电能的理想汽车。纯电动汽车能实现零排放，绿色出行，但电池有限的电量限制了汽车的行驶里程，且充电时间又长。而燃料电池汽车的燃料电池本身是一种能量转换装置，只要维持燃料供给，就能连续发电，汽车也就能持续行驶，且燃料补给的时间短。

问题30　燃料电池汽车主要有哪些类型？

燃料电池汽车是以电力驱动作为唯一的驱动模式，按照驱动能源组合形式不同，可分为纯燃料电池驱动（Pure Fuel Cell，PFC）和混合驱动两种形式。

混合驱动系统将燃料电池与辅助动力源相结合，燃料电池可以只满足持续功率需求，借助辅助动力源不仅可以提供加速、爬坡等所需的峰值功率，而且在制动时可以将回馈的能量存储在辅助动力源中。

混合驱动包括燃料电池+辅助动力电池联合驱动（Fuel Cell + Battery，FC + B）、燃料电池+超级电容联合驱动（Fuel Cell + Capacitor，FC + C）及燃料电池与动力电池+超级电容联合驱动（Fuel Cell + Battery + Capacitor，FC + B + C）。

1. PFC型燃料电池汽车

纯燃料电池电动汽车只有燃料电池一个动力源，汽车的所有功率负荷都由燃料电池承担。纯燃料电池电动汽车的动力系统如图4-1所示，DC/DC变换器的作用是阻抗匹配，以解决燃料电池发动机输出特性偏软的问题。

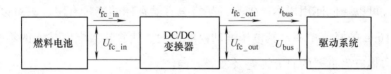

图4-1　纯燃料电池电动汽车的动力系统

2. FC+B型燃料电池汽车

燃料电池+辅助动力电池联合驱动的燃料电池电动汽车的动力系统从本质上来讲是一种混合动力结构。它与传统意义上的混合动力结构的差别仅在于发动机是燃料电池系统而不是内燃机，目前绝大多数燃料电池汽车动力系统都采用这种结构形式，如图 4-2 所示。该结构为一种典型的串联式混合动力结构，在该动力结构系统中，燃料电池和动力电池一起为驱动电机提供能量，驱动电机将电能转化成机械能传给传动系统，从而驱动汽车前进。当汽车制动时，驱动电机变成发电机，动力电池将储存回馈的能量。在燃料电池和动力电池联合供能时，燃料电池的能量输出变化较为平缓，随时间变化波动较小，而能量需求变化的高频部分由动力电池分担。动力电池还可以单独以纯电动的模式驱动车辆，可以实现在燃料电池出现故障时的跛行返回。

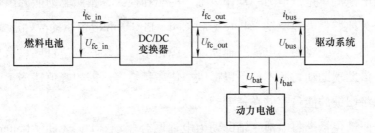

图 4-2　燃料电池 + 辅助动力电池形式动力系统结构图

3. FC + C 型燃料电池汽车

这种结构形式与燃料电池 + 动力电池结构相似，只是把动力电池换成了超级电容，系统结构如图 4-3 所示。超级电容器作为辅助动力源，相对于动力电池，它具有优良的功率特性，能以高放电率释放电能，比功率是动力电池的 10 倍左右，在回收制动能量方面比动力电池有优势，充电时间更短，而且循环寿命达到百万次，可以降低使用成本。但是，超级电容器存储的能量有限，只可以提供持续大约 1min 的峰值功率，其电压波动幅度很大。随着超级电容技术的不断进步，这种结构将成为重要的研究课题及发展方向。

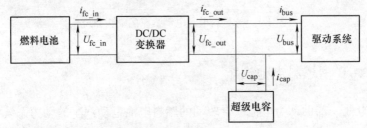

图 4-3　燃料电池 + 辅助超级电容形式动力系统

4. FC + B + C 型燃料电池汽车

燃料电池 + 动力电池 + 超级电容联合驱动的电动汽车的动力系统如图 4-4 所示，也为串联式混合动力结构。在该动力系统结构中，燃料电池、动力电池和超级电容一起为驱动电机提供能量，驱动电机将电能转化成机械能传给传动系统，驱动汽车前进；当汽车制动时，驱动电机变成发电机，动力电池和超级电容将储存回馈的能量。在采用燃料电池、动力电池和超级电容联合供能时，燃料电池的能量输出较为平缓，随时间变化波动较小，而能量需求变化的低频部分由动力电池承担，能量需求变化的高频部分由超级电容承担。在这种结构中，各动力源的分工更加明细，因此它们的优势也得到了更好的发挥。

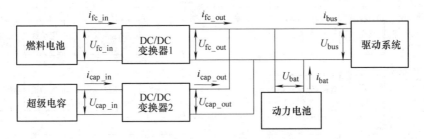

图 4-4　燃料电池 + 动力电池 + 超级电容形式动力系统

问题 31　燃料电池汽车的工作原理是什么？

燃料电池汽车（FCV）是一种用车载燃料电池装置产生的电力作为动力的汽车。其工作原理是，作为燃料的氢在汽车搭载的燃料电池中，与大气中的氧气发生氧化还原化学反应，产生出电能来带动驱动电机工作，由驱动电机带动汽车中的机械传动结构，进而带动汽车的前桥（或后桥）等行走机械结构工作，从而驱动电动汽车前进。

从其工作原理可知，燃料电池的发电逻辑是以无污染燃料在内部转化为电能再转化为汽车动力，所以它的消耗品不是电而是气态燃料，也就是其所使用的燃料为高纯度氢气或含氢燃料经重整所得到的高含氢重整气。这意味着燃料电池汽车可以像传统汽车加油那样快速充满，而不必像电动汽车充电那样等待很长时间。

同时,作为一种高效发电装置的车载燃料电池装置,它不燃烧燃料,而是直接通过电化学反应方式将燃料的化学能转变为电能。因为不经过热能这一中间环节,所以终端利用效率高。

我们知道,能量的运输和转换都必须消耗本身能量。通过考察各种汽车燃料从生产到汽车利用的综合效率(见图4-5),可以计算得出不同汽车燃料的能源效率:

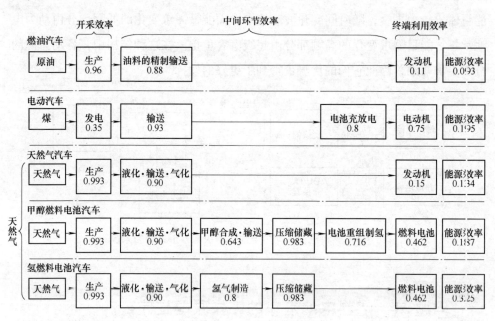

图4-5 不同汽车燃料的能源效率

① 设原油、天然气、电力等的起点均为1.000,通过逐级转换就会逐级降低,得出能源的综合效率。

② 常规燃油汽车的综合效率为:$1 \times 0.96 \times 0.88 \times 0.15 = 0.128$。

③ 从天然气生产甲醇制氢,经由燃料电池供汽车用的燃料电池汽车的综合效率为:$1 \times 0.973 \times 0.643 \times 0.983 \times 0.716 \times 0.462 = 0.203$。

④ 天然气→城市煤气→就地制氢→压缩储藏,经燃料电池供汽车使用的燃料电池汽车的综合效率为:$1 \times 0.973 \times 0.906 \times 0.800 \times 0.983 \times 0.462 = 0.320$。

从上面分析可以看出,燃料电池汽车性能好、能耗低,其能源综合效率要比燃油汽车高出1.5倍。燃料电池汽车能节省能量，减低能耗。在充电时间方面，氢燃料电池汽车可以在5min内给电池灌满燃料，而通常的电动汽车则需要等上几个小时来充满电。

相比传统纯电动汽车，燃料电池电动汽车具有显著的天然优势。它不配备锂电池，不会造成电池使用年限到达后对环境造成的后污染，而且燃料电池汽车可以提升燃料存储空间和存储密度，从而获得比纯电动汽车长得多的行驶里程。

2018年2月，新能源汽车补贴政策正式发布。在纯电动客车和专用车补贴大降之时，氢燃料电池车的补贴额度继续维持不变。这充分表明了国家发展氢燃料电池汽车的决心。

问题32　燃料电池的种类有哪些？

目前，依据所用电解质类型的不同，燃料电池可分为五类：

1. 质子交换膜燃料电池（Proton Exchange Membrane Fuel Cell，PEMFC）

原理上相当于水电解的"逆"装置。其单电池由阳极、阴极和质子交换膜组成，阳极为氢燃料发生氧化的场所，阴极为氧化剂还原的场所，两极都含有加速电极电化学反应的催化剂，质子交换膜为电解质。

2. 碱性燃料电池（Alkaline Fuel Cell，AFC）

以强碱（如氢氧化钾、氢氧化钠）为电解质，氢气为燃料，纯氧或脱除微量二氧化碳的空气为氧化剂，采用Pt/C、Ag、Ag-Au、Ni等为电催化剂制备的多孔气体扩散电极为氧电极，Pt-Pd/C、Pt/C、Ni制备的多孔气体电极为氢电极。以无孔炭板、镍板或镀镍甚至镀银、镀金的各种金属（如铝、镁、铁等）板为双极板材料，在板面上可加工各种形状的气体流动通道构成的双极板。

3. 磷酸燃料电池（Phosphoric Acid Fuel Cell，PAFC）

以磷酸为导电电解质的酸性燃料电池。电池片由基材及肋条板触媒层所组成的燃料极、保持磷酸的电解质层、与燃料极具有相同构造的空气极构成。在燃料极，燃料中的氢原子释放电子成为氢离子，氢离子通过电解质层，在空气极与氧离子发生反应生成水。将数枚单电池片进行叠加，每数枚电池片叠加为降低发电时内部热量的冷却板，从而构成输出功率稳定的基本电池堆。再加上用于上下固定的构件、供气用的集合管构成磷酸燃料电池的电池堆。

4. 熔融碳酸盐燃料电池（Molten Carbonate Fuel Cell，MCFC）

由多孔陶瓷阴极、多孔陶瓷电解质隔膜、多孔金属阳极、金属极板构成的燃料电池。

5. 固体氧化物燃料电池（Solid Oxide Fuel Cell，SOFC）

由电解质、阳极或燃料极、阴极或空气极和连接体或双极板组成。

问题 33 燃料电池的基本特性是什么？

1. 随着电流的增大，燃料电池的电压会下降

电压下降有三个原因：电化学极化、欧姆极化和浓差极化，分别对应低电流密度区、中电流密度区和高电流密度区。

燃料电池存在静电压降 ΔU_0，其原因是电极过程存在显著的动态延迟。通常，这一静电压降取决于电极材料和所使用的电解液种类。

当由燃料电池提取电流时，因电极和电解液中存在欧姆电阻而产生电压降，它正比于电流密度，即

$$\Delta U_\Omega = R_e i$$

式中，R_e 为按面积所得的等值欧姆电阻；i 为电流密度。

在燃料电池中，因为需要附加能量去克服活性势垒，故存在活性损耗，由活性电压降 ΔU_a 予以表达。该电压降与电极材料和催化剂密切相关。

当电流流通时，离子在邻近负极处放电。因此在该区域中，离子浓度趋于减小。若想维持电流，则必须向电极输运离子。因离子缺少所导致的电压降称为浓

度电压降,因为它与紧邻电极处的电解液浓度的降低相关联。对应于较低的电流密度,浓度电压降通常较小。然而,当电流密度增加时,浓度电压降将达到其极限值,此时接近于离子趋于电极的最大可能输运率,并且在电极表面处离子浓度降至零。

因离子浓度所导致的电压降不仅限于电解液,当反应物或生成物是气态物时,在反应区中,局部压力的变化也表征了离子浓度的变化,从而必然导致电压降。

图4-6所示为氢氧燃料电池在温度为80℃条件下的伏安特性曲线。由图可见,由化学反应(包含活性和浓度变化)引起的压降是产生电压降的原因。同时也表明改进电极材料及其生产,采用新技术(如纳米技术和改进的催化剂)都将显著地减小电压降,并将因此提高燃料电池的效率。

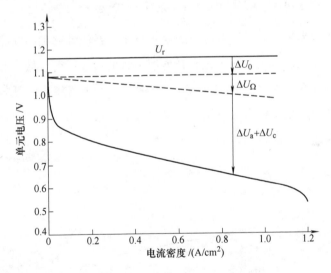

图 4-6 氢氧燃料电池的电流-电压曲线

2. 随着电流增加,效率下降而功率增加

燃料电池的效率曲线与其电压曲线严格相似。图4-7所示为氢氧燃料电池的效率-电流曲线。

在低电流下运用燃料电池,可在低功率下可获得高运行效率。然而,其辅助设备(如空气循环泵、冷却液循环泵等)所消耗的能量,因为其功率消耗占有较大的百分比,故很低功率(10%的最大功率)的运行,将导致较低的运行效率。

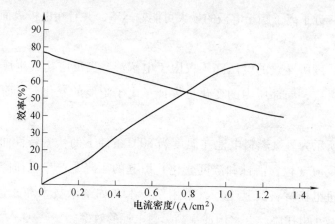

图 4-7　氢氧燃料电池中的运行效率随电流密度的变化

图 4-8 所示为氢-空气燃料电池的单元电压、系统效率和净功率密度随净电流密度变化的曲线。该图表明了该燃料电池系统的最佳运行区域在其电流范围的中间区域,估计在最大电流的 7%~50% 范围内。大电流将导致低效率,是因为在燃料电池堆中产生了较大的电压降;另一方面,很小的电流导致低效率,则是因为辅助设备所消耗能量的百分比增大。

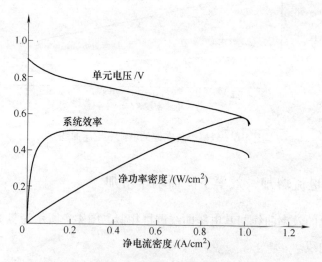

图 4-8　氢-空气燃料电池的单元电压、系统效率和净功率密度随净电流密度变化的曲线

问题34 质子交换膜燃料电池系统的工作原理是什么？

质子交换膜燃料电池的工作原理如图 4-9 所示。

导入的氢气通过阳极集流板经由阳极气体扩散层到达阳极催化剂层，在阳极催化剂的作用下，氢分子分解为带正电的氢离子并释放出带负电的电子，完成阳极反应；氢离子穿过膜到达阴极催化剂层，而电子则由集流板收集，通过外电路到达电路形成电流，通过适当连接可向负载输出电能；在电池的另一端，氧气通过阴极集流板经由阴极气体扩散层到达阴极催化剂层。在阴极催化剂的作用下，氧与透过膜的氢离子及来自外电路的电子发生反应生成水，完成阴极反应；电极反应生成的水大部分由尾气排出，一小部分在压力差的作用下通过质子交换膜向阳极扩散。阳极和阴极发生的电化学反应为：

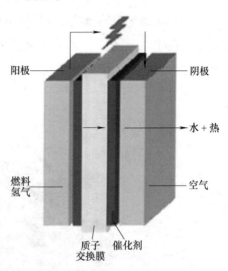

图 4-9 质子交换膜燃料电池的工作原理

$$2H_2 \longrightarrow 4H^+ + 4e^- \tag{4-1}$$

$$4e^- + 4H^+ + O_2 \longrightarrow 2H_2O \tag{4-2}$$

总的电化学反应为

$$2H_2 + O_2 \longrightarrow 2H_2O \tag{4-3}$$

上述过程是理想的工作过程。实际上，整个反应过程中会有很多中间步骤和中间产物的存在。

由于燃料电池单体的输出电压和输出功率不能满足电动汽车的使用要求，因此必须将不同数目的燃料电池单体串联形成燃料电池堆使用，以满足电压和功率的要求。另外，单独的燃料电池堆也是不能发电并应用于电动汽车的，它还必须和燃料供给与循环系统、氧化剂供给系统、水/管理系统以及一个能使上述各系统协调工作的控制系统组成燃料电池发电系统（简称燃料电池系统），才能对外输出功率。

问题 35　质子交换膜燃料电池堆的构成是怎样的？

电池堆由多个单体电池以串联方式层叠组合而成。将双极板与膜电极三合一组件（MEA）交替叠合，各单体之间嵌入密封件，经前、后端板压紧后用螺杆紧固拴牢，即构成质子交换膜燃料电池堆。图4-10所示为4个燃料电池组成的电池堆示意图。

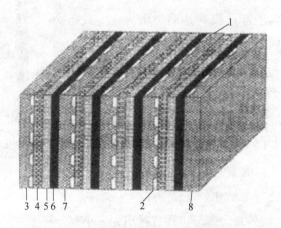

图4-10　4个燃料电池组成的电池堆示意图
1—氧气供应　2—氢气供应　3—阳极板
4—阳极　5—电解质　6—阴极　7—双极板　8—阴极板

质子交换膜燃料电池堆的核心是MEA组件和双极板。膜电极集合体（Membrane Electrode Assembly，MEA）是将阳极、质子交换膜与阴极结合成三明治结构的单一组件。双极板的一侧与前一个燃料电池的阳极侧接触，另一侧与后一个燃料电池的阴极侧接触，常用石墨板材料制作，具有密度高、强度高、无穿孔性漏气、在高压强下无变形，以及导电/导热性能优良、与电极相容性好等特点。

问题 36　质子交换膜燃料电池极板材料有哪些类型？

双极板作为质子交换膜燃料电池的关键组件之一，其性能优劣直接影响电池的输出功率和使用寿命。

目前,质子交换膜燃料电池中广泛使用的双极板材料有石墨双极板、金属双极板和复合材料双极板三种类型。详细分类如图 4-11 所示。

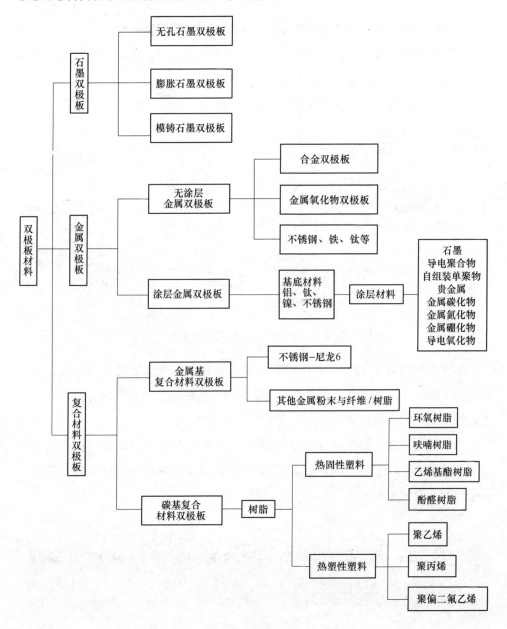

图 4-11 双极板材料的分类

问题 37　燃料电池氢供给系统是怎样的?

车载燃料电池的氢供给系统可分为车载储氢和车载制氢两种。车载制氢是用碳氢化合物在重整器内经化学反应后生产氢的方式，由于存在安全性等问题，目前用得较少，最成熟的技术还是车载储氢。

典型的车载氢气供应系统模型如图 4-12 所示。

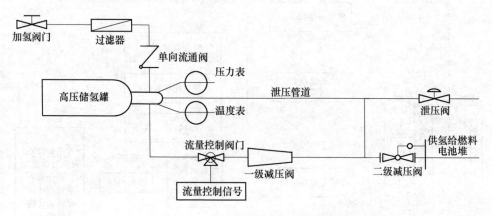

图 4-12　典型的车载供氢系统模型

如图 4-12 所示，过滤器的作用是给储气罐提供高纯度氢气，具有单向截止的功能。高压气体通过减压后向燃料电池发动机提供稳定的氢气供应。控制流量电磁阀门开度大小的控制信号由过流保护装置发出。

当供氢速度超过额定氢气流量的 20% 时，氢气流量控制阀关闭；当超过额定氢气流量的 3% 时，由 PID 控制单元调节氢气流量电磁控制阀的开度，使氢气流量控制在设定的范围内。

问题 38　质子交换膜燃料电池的热管理系统的工作原理是什么?

质子交换膜燃料电池的热管理是指对电池温度的控制。当温度较低时，电池存在较为明显的活化极化，而且质子交换膜的阻抗也较大。另一方面，如果温度较高，会使水的蒸发速度加快，这样会使反应气体带走过量的水而使质子交换膜脱水，使膜的性能变差，造成电池性能下降。因此，要求以 Nafion 膜作为质子交换膜的质子交换膜燃料电池的工作温度要低于 100℃，通常为 80℃。

目前，普遍采用的热管理技术是在双极板中设置冷却通道，将电池运行时产生的热量及时排出，使质子交换膜燃料电池在恒温下工作，以保持稳定的性能。热管理系统对冷却剂也有一定的要求，如要求冷却剂不导电、不腐蚀和能防冻。一般使用的冷却剂是水，也有的在水中加入乙二醇，以使水不易结冰。用水作为冷却剂，对水质要求较高，以防止腐蚀发生。水中的重金属离子含量要低于百万分之一，氧的含量要在十亿分之一。

一般使用的冷却方式是采用冷却水循环方式。这种方式比较方便，但要消耗较多的动力。这种方法被称为"利用水的显热"，要在质子交换膜燃料电池组内加置排热板。冷却液可以采用水或者水与乙二醇的混合液。

另外一种冷却方式是利用液体的蒸发来控制温度，被称为"利用液体的潜热"。因为液体蒸发的潜热较大，所以这种方法被认为是较有利的排热方式。在电池中，潜热冷却是利用电池组内部水分的蒸发潜热来冷却。这种方式效率高，是一种新的冷却方式。但是，质子交换膜燃料电池的工作温度一般在 100℃ 以下，因此不能用冷却水的潜热冷却，而可以采用乙醇等低沸点的液体的潜热来排热。

问题 39　质子交换膜燃料电池的水管理系统的工作原理是什么？

质子交换膜需要一定的含水量才可以传导质子。质子交换膜燃料电池正常工作的一个重要条件就是要控制好电池内的水分，湿度要适宜。而且，电池内的水含量要均匀，局部的水分过多或过少，也会影响电池的性能。

因此，水管理在质子交换膜燃料电池中是十分重要的。电池中的水是由两种方式产生的：一是增湿带入一部分水；二是反应生成的水。

质子交换膜燃料电池堆一般都采用增湿的方式来控制水。常用的增湿方式分为外增湿方式和内增湿方式。

① 外增湿方式包括鼓泡法、喷射法及自吸法等方法。将反应气体通过水温可控的鼓泡器进行增湿，称为鼓泡法。这种方法一般适用于实验室，而不适用于实际的电池系统。将水喷射到反应气中来使反应气增湿，称为喷射法。这种方法需要加压泵和阀门等，这些设备要消耗能量，但该技术比较成熟，一般在大型质子交换膜燃料电池堆上广泛使用。自吸法是在电极的扩散层中加入灯芯。这些灯芯浸在水中，将水直接吸入 Nafion 膜内。用这种方法可实现膜湿度的自我调节，缺点是灯芯的使用增加了电池的密封难度，因此现在较少使用。

② 至于内增湿方式，较好的一种是让空气和氢气呈逆向流动排列，各干燥的反应气在进入电池后从膜中吸收水分，而膜要从电池的潮湿反应气中吸收水分，在电池组内部形成水循环，从而使安全操作成为可能。

问题 40　质子交换膜燃料电池的氢安全系统的工作原理是什么？

目前的燃料电池汽车大部分采用氢气作为燃料，而氢气的泄漏会造成爆炸等危险，燃料电池汽车必须考虑针对氢气的安全措施。通常采用两种措施：一是储氢装置和输送管路选用不易造成泄漏的材料和结构的被动安全系统；二是实时监测燃料电池系统中氢的泄漏情况的氢气安全主动监测系统。

① 对储氢装置和输送管路的被动安全措施包括：在汽车发生碰撞事故时，会根据碰撞传感器所发出的信号及时切断电源和气源，以避免因氢气泄漏而造成更严重的事故；用吸能车架保护燃料电池系统；除了选用高强度的储氢气瓶外，在汽车结构上还要考虑尽可能减小汽车碰撞时对储氢气瓶的冲击。

② 燃料电池汽车氢气监测系统通常由氢传感器、控制器、报警及安全处理装置等组成，如图 4-13 所示。氢传感器将周围氢气含量参数转换为电信号，并输送给控制器，然后控制器根据氢传感器的信号判断是否有氢气泄漏及泄漏的严重程度，并输出相应的控制信号，使报警装置发出危险警报，或使用处理装置进

行控制（切断高压电路或关闭氢气源），及时排除安全隐患。

图 4-13　燃料电池汽车氢气监测系统

　　氢气监测系统包括两部分：车上氢安全控制系统及车库氢安全控制系统。

　　一些燃料电池汽车的氢安全控制系统配备有多个氢传感器。当任何一个传感器检测到氢气含量达到爆炸下限（体积分数为4%）的10%、30%和50%时，控制器就会发出Ⅰ级、Ⅱ级或Ⅲ级报警控制信号，使报警装置工作（声光报警继电器线圈通电，触点吸合），发出相应的声光报警信号。驾驶人可通过手动开关立即使燃料电池停止工作，并关闭储氢瓶出口电磁阀，以避免造成安全事故。

　　对于装有自动安全保险装置的车载氢安全控制系统，其控制器在启动报警装置的同时，也使安全处理装置通电工作，自动关闭燃料电池及氢源出口，以确保安全。

　　车库氢安全控制系统通常由氢传感器、控制器、报警装置及排送风装置等组成。氢传感器安装在车库的顶部。当任何一个氢传感器监测到周围空气中氢的体积分数超过了爆炸下限的10%、30%或50%时，氢监测系统就会发出Ⅰ级、Ⅱ级或Ⅲ级报警信号，启动车库外报警装置，同时自动开启排风扇或打开换气窗，以避免因车库内氢气的含量过高而引发安全事故。

　　除此之外，燃料电池汽车通常还采取防静电和防爆措施，并制订严格的氢操作规程，以确保安全。

第 5 章

其他类型的新能源汽车

新能源汽车种类较多，除纯电动汽车、插电式混合动力（增程式）电动汽车和燃料电池电动汽车等主流新能源汽车之外，还包括新型电动汽车、动势能汽车和新型燃料汽车等，这些都是替代不可再生能源的理想交通工具。

问题 41　什么是太阳能电动汽车？

太阳能电动汽车是利用太阳能电池将太阳能直接转化为电能，再利用电机驱动汽车的一种新型汽车。在光照情况下，通过光伏发电技术产生电流，并可以直接或者协同动力电池同时供电来驱动电机，或将多余的能量储存在动力电池中以便在阳光不足的环境下利用。

相比传统内燃机驱动的汽车，太阳能汽车无需向大气中排放废气，真正做到了零排放。另外，与石油燃料相比，太阳能取之不尽，用之不竭。正因为其环保的特点，太阳能汽车被诸多国家所提倡，太阳能汽车产业也日益蓬勃发展。

问题 42　太阳能光伏发电的原理是什么？

光伏发电是利用半导体界面的光伏效应将光能直接转变为电能的一种技术。这种技术的关键元件是太阳能电池。太阳能电池经过串联后进行封装保护可形成大面积的太阳能电池组件，再配合上功率控制器等部件就形成了光伏发电装置。

所谓光伏效应，就是指物体在吸收光能后，其内部能传导电流的载流子分布状态和浓度发生变化，由此产生出电流和电动势的效应。在气体、液体和固体中均可产生这种效应，而半导体光伏效应的效率最高。

当太阳光照射到半导体的 PN 结上时，会形成新的空穴－电子对。在 PN 结内建电场的作用下，空穴由 N 区流向 P 区，电子由 P 区流向 N 区，接通电路后就形成电流。这就是光伏效应太阳能电池的工作原理。图 5-1 所示为太阳电池晶片受光的物理过程。

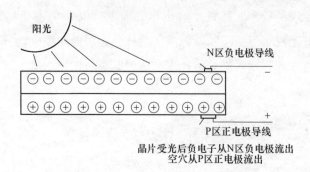

图 5-1　太阳电池晶片受光的物理过程

问题 43　太阳能电池主要有哪些类型？

太阳能电池主要有以下几种类型：单晶硅太阳能电池、多晶硅太阳能电池、非晶硅太阳能电池、蹄化镉太阳能电池、铜铟硒太阳能电池等。目前在研究的还有纳米氧化钛敏化太阳能电池、多晶硅薄膜太阳能电池以及有机太阳能电池等。但实际应用的主要还是硅材料太阳能电池，特别是晶体硅太阳能电池。

1. 单晶硅太阳能电池

单晶硅太阳能电池是最早发展起来的，也是目前工程应用中转换效率最高的电池，主要应用于光伏电站以及航空器电源。单晶硅太阳能电池正在朝着超薄和高效方向发展，目前已经研究出转换效率达 20% 的超薄单晶硅太阳能电池。

2. 多晶硅太阳能电池

多晶硅太阳能电池的转换机制与单晶硅太阳能电池完全相同。由于硅片由多个不同大小、不同取向的晶粒组成，而在晶粒界面处光转换受到干扰，因而多晶硅的转换效率相对较低，商业化的多晶硅太阳能电池的转换效率多为 13% ~ 15%。同时，其电学、力学和光学性能的一致性不如单晶硅太阳能电池。

3. 非晶硅太阳能电池

非晶硅太阳能电池通过掺硼或磷，可得到 P 型非晶硅或 N 型非晶硅。在太阳光谱的可见光范围内,非晶硅的吸收系数比晶体硅大近一个数量级,其光谱响应的峰值与太阳光谱的峰值很接近。商业化的非晶硅电池产品的稳定转换效率多为 5%~7%。

4. 多元化合物薄膜太阳能电池

多元化合物薄膜太阳能电池的材料为无机盐,主要包括砷化镓Ⅲ-Ⅴ族化合物、蹄化镉、硫化镉及铜铟硒薄膜电池等。蹄化镉、硫化镉及铜铟硒薄膜电池的效率较非晶硅薄膜太阳能电池效率高,成本较单晶硅电池低,并且也易于大规模生产,但由于镉有剧毒,会对环境造成严重污染,因此并不是晶体硅太阳能电池最理想的替代产品。

问题 44 太阳能电动汽车的结构原理是什么?

太阳能电动汽车主要由太阳能电池、控制器、电机驱动系统及一些机械装置等组成。具体结构如图 5-2 所示。

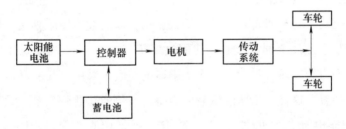

图 5-2 太阳能电动汽车结构图

① 太阳能电池组是太阳能电动汽车的核心。车用太阳能电池组将很多太阳能电池排列组合成太阳能电池板,以产生所需要的大电流和高电压。

② 最大功率点跟踪系统,是一种高效率的 DC/DC 变换系统。作为太阳能电动汽车最大功率点跟踪(Maximum Power Point Tracking, MPPT)太阳能控制器,它相当于太阳能电池输出端的阻抗变换器,其作用是使太阳能电池阵列始终工作在最大输出功率点上。MPPT 不仅是一个高效率的 DC/DC 变换器,更是一个智能的控制系统,根据智能的控制策略,MPPT 能随太阳能电动汽车工作环境的变化

监测太阳能电池阵列输出状态的变化,并快速、精确地判 MPP 的位置,及时调整太阳能电池阵列工作电压,跟踪 MPP 的电压,使太阳能电池始终工作在最大输出功率状态。MPPT 控制算法主要有固定电压跟踪法、扰动观察法、功率反馈法、增量电导法、模糊逻辑控制法、滞环比较法、神经元网络控制法和最优梯度法等。图 5-3 所示为太阳能电池 MPPT 的系统框图。

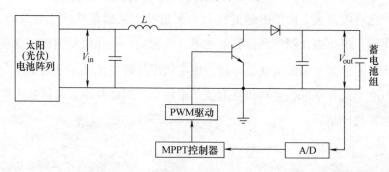

图 5-3　太阳能电池 MPPT 系统框图

③ 驱动系统,太阳能电动汽车采用的驱动电机主要有直流电机、交流异步电机、永磁电机等。

④ 传动系统,在太阳能电动汽车里有三个基本类型的传递动力方式的变化:单减引导式驱动、变频履带式驱动和轴式驱动。以前大多使用直接引导式驱动传送动力,当整个设计全部完成时,使用效率超过 75%。一般很少使用变频履带式驱动传送动力给车轮。目前,大多太阳能电动汽车采用轴式驱动设计,能减少齿轮传动的装置,这样会略微降低它的效率,但仍能够达到 95% 的高效率。

⑤ 太阳能电动汽车的能量管理系统主要是用来控制太阳能电池工作在 MPPT,管理光伏发电的能量在充电控制器和电机之间的分配,使得太阳能能量得以合理使用,并对太阳能电动汽车动力电池的充放电进行管理和保护,控制动力电池的充放电和管理驱动电机的用电。

⑥ 机械系统包括制动、转向盘和轮胎等。

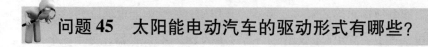

问题 45　太阳能电动汽车的驱动形式有哪些?

目前,太阳能电动汽车有三种方式:直接驱动式、间接驱动式和混合驱动式。

1. 直接驱动式

太阳能电池产生的电流不经过动力电池组，而是直接通过控制器、驱动电机传动系统来驱动汽车的车轮行驶。

2. 间接驱动式

太阳能电池产生的电流通过控制器先给动力电池充电，当汽车行驶时，电流从动力电池组中流出，通过控制器、驱动电机、传动系统来驱动汽车的车轮行驶。其外观与现有车辆类似，没有"另类"的感觉，但是要经常到太阳能电站充电，续驶能力也受到限制。

3. 混合驱动式

太阳能电池既可以用产生的电流直接驱动汽车行驶，也可以用之前储存在动力电池组里的电能驱动汽车行驶，还可以在汽车行驶过程中给动力电池组充电。太阳能辐射强度较弱，光伏电池板造价昂贵，加之动力电池容量和天气的限制，使得完全靠太阳能驱动的汽车的实用性受到极大的限制，不利于推广。因此就出现了这种采用太阳能和其他能量混合驱动的汽车。

问题 46　太阳能电动汽车的布置方案有哪些？

典型的太阳能电动汽车一般有 3 个或 4 个车轮，一般 3 个车轮的配置是 2 个前轮和 1 个后轮（通常是驱动轮）。4 个车轮的太阳能电动汽车多数与普通的机动车一样，另外还有一种四轮太阳能电动汽车的两个后轮并排靠近中央位置（类似于普通三轮机动车的配置）。

为了最大限度地降低太阳能电动汽车对能量的需求，太阳能电动汽车没有考虑更多改善驾驶人舒适性的措施。为了提高传动效率，还要尽可能简单地将电机的转矩直接传递给驱动桥。许多比赛用的太阳能电动汽车采用三轮驱动链传动布置形式。表 5-1 列出了太阳能电动汽车几种布置方案的优缺点。

表 5-1　太阳能电动汽车几种布置方案的优缺点

项目	三轮	四轮（前、后轮距相同）	四轮（前轮距大于后轮距）
侧倾稳定性	0	++	+
行驶性能	-	+	+
调整方便性	-	++	++
传动损耗	++	-	+
驱动装置	0	+	++

注：++表示很好；+表示较好；0表示一般；-表示较差。

问题 47　风能电动汽车的结构是怎样的？

风能电动汽车通过安装在汽车车头位置、汽车发动机位置、汽车顶棚位置上的由风轮、导流板、发电机、风筒等组成的筒式高效风力发电装置产生的强大电流，提供给汽车上的电机运转、驱动汽车行驶及其他用电系统使用。其主要动力来自锂电池，夜间利用便携式风力发电机为其充电，但有时会使用类似拖拽伞的风筝。

风能电动汽车的驱动方式与太阳能电动汽车类似，主要有直接驱动、间接驱动和混合驱动这三种方式。其结构如图 5-4 所示。

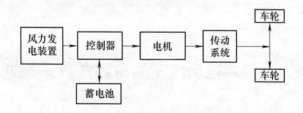

图 5-4　风能电动汽车的结构

风能电动汽车的最大优势在于改变了传统意义上汽车必须以燃料为动力的局限性，使汽车自身的能量通过转换再有效利用，为节能及环保汽车的开发提供了新的思路。

图 5-5 所示为德国工程师德克·吉昂和斯特凡·塞默尔研制出的一款轻量型风能汽车"风力探测者"。

图 5-5 "风力探测者"风能电动汽车

 问题 48　核能电动汽车的结构和工作原理是怎样的？

　　核能电动汽车的结构和工作原理与纯电动汽车的类似，不同之处在于储能系统。核能电动汽车通过核发电装置取代了纯电动汽车的动力电池或者超级电容。
　　核能电动汽车主要是将核能（主要有两种，即核裂变能和核聚变能）转化为电能，核能转化为电能的装置包括反应堆和汽轮发电机组。核能在反应堆中被转化为内能，内能将水变为蒸汽推动汽轮发电机组发电。其结构如图 5-6 所示。

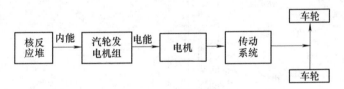

图 5-6　核能汽车的结构

 问题 49　什么是飞轮电池？

　　飞轮电池是 20 世纪 90 年代才提出的新概念电池，它突破了化学电池的局限，用物理方法实现储能。
　　飞轮电池由飞轮、电动机、发电机和输入/输出电路共同组成，如图 5-7

所示。

图 5-7 飞轮电池组的构成

飞轮电池通过输入/输出电路与外部大功率的电气系统相连。外部系统所传输的能量经由电动机通过提升飞轮的转速将电能转化为机械能储存。当需要向负载输出功率时，飞轮通过发电机再将机械能转化为电能，同时飞轮转速相应降低。由于飞轮电池系统的能量转换是单线程的，即不可能同时输入、输出能量，为了降低电池系统质量和制造成本，通常将电动机/发动机以及输入/输出电路集成在一起。

飞轮电池的结构如图 5-8 所示，它主要由飞轮、轴、轴承、电机、真空容器和电力电子变换器等部件组成。飞轮是整个电池装置的核心部件，它直接决定了整个装置的储能多少。电力电子变换器通常是由场效应晶体管和绝缘栅场效应晶体管组成的双向逆变器，它们决定了飞轮装置能量输入/输出量的大小。

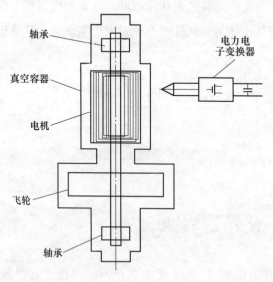

图 5-8 飞轮电池的结构

问题 50　什么是飞轮电池电动汽车？

飞轮电池充电快，放电完全，非常适合应用混合动力推动的车辆中。

飞轮电池电动汽车利用储存在随车飞轮中的机械能驱动汽车前进，它的推进系统由飞轮电池、电机控制器、电机和传动系统等组成。车辆在正常行驶和制动时给飞轮电池充电，飞轮电池则在加速或爬坡时给车辆提供动力，保证车辆运行在一种平稳、最优的状态下，可减少燃料消耗、空气和噪声污染、发动机的维护，延长发动机的寿命。

一辆用20节直径为230mm、质量为13.64kg的飞轮电池的汽车，用市电充电需要6h，快速充电只需15min，一次充电行驶里程可达560km。在充电时，飞轮中的电机以电动机的形式运行，在外接电源的驱动下带动飞轮旋转，达到极高的转速，从而完成电能－机械能转换的储能过程；放电时，飞轮中的电机以发电机的状态运行，在飞轮的带动下对外输出电能，完成机械能－电能转换的释放过程。

图5-9所示为使用了飞轮电池技术的保时捷911GT3混合动力赛车。

图5-9　保时捷911GT3混合动力赛车

 问题 51　空气动力汽车的发展现状是什么？

近年来应时而生的空气动力汽车的研发工作正崭露头角。在绿色能源汽车中，它是后起之秀。

1. 国外发展现状

法国走在空气动力汽车研制的前沿。若干年前，法国工程师丹尼斯·帕潘曾提出利用压缩空气作为动力的设想。1998 年，法国人吉·涅格尔造出了世界上第一台气动汽车。

美国乔普林气动公司也研发了一种气动轿车，利用该公司气动技术优势，"革掉"汽车发动机、变速器和油箱等部件，用 3 个压力气瓶和特制风动马达，使轿车行驶速度达到 60km/h，充气一次可行驶 150km，只要数分钟完成充气，方便的程度不亚于汽油机汽车。

在 2002 年巴黎国际汽车展上，展出了一种不用燃油而使用高压空气推动发动机的小型汽车"城市之猫"（CityCAT，见图 5-10），发明者为居伊·内格尔。它的发动机采用压缩技术，把空气压缩后储存在一个气缸内。发动机接上电源充气 4h 就可以以 80km/h 的平均速度行走 10h。

2009 年 3 月，法国 MDI 公司在瑞士日内瓦国际车展上展示了一辆空气动力汽车 Airpod，如图 5-11 所示。Airpod 是一款只能在城市行驶的车辆，是世界上最小的 3 座车辆，但也可乘坐 3 名成人和 1 名儿童。在车速低于 56km/h 时，这种空气动力汽车完全依赖气罐工作，只排放出冷空气。车速提高时，一个小型常规燃料的发动机就会开始工作，加热气罐内的空气加速其释放，从而获得更高的速度。这个发动机也会给气罐加气，从而延长汽车的行驶里程和提高其速度。该空

图 5-10 城市之猫

图 5-11 空气动力汽车 Airpod

气动力汽车完全依靠压缩空气能够行驶32km，当发动机发动后将能够再行驶数百千米，最高车速达到154.5km/h。

雪铁龙2014研制出的空气混合动力系统，通过一个液压泵和活塞将氮气压缩进一只名为"高压蓄能器"的存储舱。高压蓄能器工作时，释放出高压气体，借助液压油推动液压泵向相反方向运动，进而驱动车轮前行。在这里，液压泵起到了传统汽车中发动机的作用。当车主驾驶该车时，整个混合动力系统会根据行驶工况，在传统动力和空气动力之间进行切换。与油电混合动力汽车一样，传统发动机主要负责爬坡、高速公路等路况，并且在制动回收系统（可将制动时产生的多余能量转化为电能等）未能成功地为氮气再次加压时发挥作用。

2. 国内发展现状

在我国，研发空气动力汽车的不乏其人，已公开专利的有好几家，深圳、河南、上海、浙江等地的发明者都有各自的特点。空气动力汽车的名称尚不统一，有的叫压缩空气汽车，有的叫气动汽车，还有的叫气动马达汽车。

2003年，浙江大学流体传动及控制实验室研发了国内第一辆气动汽车，车速达到50km/h，续驶里程200km，接近于国外的一般水平。该车气罐罐体材料是碳纤维，碰撞时最多出现气体外泄，不会发生爆炸。

合肥工业大学将一台R175柴油机改装为空气发动机，以此作为气动汽车的动力源。北京工业大学对气动汽车的发动机做了一些研究，提出了一种采用喷射器代替节流阀的新型气动汽车减压系统，对表征喷射器工作性能的喷射系数进行了深入的计算研究。随着气动汽车的发展，有利于实现其工业化生产的研究越来越多，南京理工大学对气动汽车进行了人机工程学应用的研究。

问题52　空气动力汽车的工作原理及特点是什么？

空气由氮气、氧气及极少量的惰性气体组成，每升重量约1.2g，它具有高度可压缩性，因而气体分子可作为能量载体。空气动力汽车正是利用这一特性，把空气储存二三百个大气压的储气罐作为汽车动力源。高压下的气体分子具有"分子排斥能"，能做功。

空气动力汽车动力系统基本结构由储气罐（瓶、箱等）、气动（风动）马达、管道和控制器等组成。动力系统以外均利用汽车现有成果。

根据动力学能量平衡原理，气体在压缩时为放热过程，气体在膨胀时是吸热过程。空气动力汽车用压缩空气作动力过程中最关键最难解决的问题就是"降温现象"。

空气动力汽车的研发是对能源利用一次重大变革。空气动力汽车有以下特点：

① 空气是清洁能源，资源较多，使用空气作为介质，排放出来的仍然是无污染的空气，不仅可以减少煤炭石油资源的使用，而且还减少了二氧化碳以及其他污染物的排放。

② 空气动力汽车的基础装置是高压储气罐和高效气动马达两项关键装置。按空气动力汽车目前达到的技术水平：储气罐容积 200~300L，储气罐压力 200~300kgf/cm^2（约 20~30MPa），一般车速 50~60km/h，行驶里程 150~200km。市区公交车一般设十几站路约十多千米，这样足以行驶十多次来回，将大大减少汽车尾气污染。

③ 气动汽车的动力装置可以采用气动马达。气动马达结构简单，体积小，重量轻，而且具有很多优点：能够无级调速；能够正转也能反转；有过载保护作用，工作安全；具有较高的起动力矩，可以直接带载荷起动；功率范围及转速范围较宽；操纵方便；维护检修较容易。

④ 气动汽车具有其他能源汽车所不能媲美的安全性、经济性。目前气动汽车的气罐大多采用碳纤维，遇到问题最多就是罐体破碎，空气漏出，而不会出现危险情况。当气罐内气体快用完时，有两种方法解决。第一种方法是到加气站更换气罐，夜间电价相对较低，这时对储气罐充气，不仅充气价格较低，而且可以实现电力生产的"填谷"价值，提高常规电力系统的效率和经济性。压缩空气所用的能量可以是完全清洁的可再生能源，如可以用风能直接压缩空气，将风能存储为压缩空气能，作为气动汽车动力源。另一种方法是直接给气罐充气，可以

使用民用电充气,也可以使用高压气泵充气,充气时间较短。家用充气设备和加(换)气站等社会基础建设费用不高,较容易建造。

问题 53　什么是重力汽车?

重力汽车的特征是依靠自身重力驱动行驶的车,实质是通过周期性地改变重心而达到依靠自身重力驱动行驶的目的。利用重力驱动汽车,即无化学燃料的消耗,又能实现零排放。

目前,这种类型的新能源汽车只有沃尔沃公司的一款概念车,如图 5-12 所示,其他生产商并未推出相关的产品。

图 5-12　沃尔沃重力概念汽车

2005 年的沃尔沃 Extreme Gravity Car,以绝佳的空气动力学与工程设计,创下车速 87km/h 的下坡最佳成绩。

问题 54　什么是新型燃料汽车?

新型燃料汽车主要是用新型清洁燃料全部或者部分取代内燃机中的汽油、柴油,再由内燃机驱动汽车。这类新能源汽车以醇类燃料汽车、生物柴油汽车以及二甲醚汽车为主。

问题 55　什么是醇类燃料汽车？

醇类燃料汽车是利用醇类燃料做能源驱动的汽车。

醇类燃料汽车是指以甲醇汽油、乙醇汽油、甲醇、乙醇为燃料的汽车。其中，以甲醇为燃料的汽车称为甲醇汽车，以乙醇为燃料的汽车称为乙醇汽车。醇类燃料可以与汽油或柴油按一定比例配制而成混合燃料，也可以直接采用醇类燃料作为发动机的燃料。与汽油相比，醇类燃料具有较高的输出效率，能耗量折合油耗量较低，由于燃烧充分，有害气体排放较少，属于清洁能源。因此，醇类燃料汽车与电动汽车、天然气汽车一样，都是新能源和清洁代用燃料汽车。

图 5-13 所示为旗云甲醇新型燃料汽车。

图 5-13　旗云甲醇新型燃料车

问题 56　醇类燃料的分类及其主要特性是怎样的？

按醇类燃料的组成成分和性质来分，醇类主要指甲醇（CH_3OH）和乙醇（C_2H_5OH）。它们都是相对分子质量较小的单质，燃烧产物中基本没有炭烟，NO_x 的排放浓度也很低，是一种低污染性燃料。

按醇类燃料在汽车发动机上的燃用方式分类，主要有三种类型：掺烧、纯烧或改质。

① 掺烧主要是指醇类燃料（甲醇或乙醇）以不同的体积比例掺入汽油（柴油）中。掺烧是醇类燃料在汽车上的主要应用方式。为使内燃机燃用甲醇时能有

良好的效果，可采用不同的掺烧方式，调整混合燃料的性质，改进发动机结构及设计良好的掺烧及控制装置。

掺烧的主要方法有三种：混合燃料法、熏蒸法和双供油系统法。前两种方法既可用于柴油机上，又可用于汽油机上，而双供油系统法仅用于柴油机上。醇类燃料易于自然吸水且相对密度小于柴油，故与柴油的互溶性较差。因此，一般情况主要针对醇类燃料与汽油的掺烧。

② 纯烧类型是指单纯燃烧甲醇或乙醇燃料，主要方式有六种：裂解法、蒸汽法、火花塞法、电热塞法、炽热表面法和加入着火改善剂法。其中，后三种方法仅用于柴油机上，其他方法既可用于柴油机上，又可用于汽油机上。

③ 改质类型现在主要是指醇类燃料的改质。甲醇改质是利用发动机的余热将甲醇生成为 H_2 和 CO_2，然后输送到发动机内燃烧。采用甲醇改质需要对发动机进行较大的改造，最好重新设计发动机。变性燃料乙醇指乙醇脱水后再添加变性剂而生成的以乙醇为主的燃料。

醇类燃料主要特性包括：

① 醇类燃料中含氧量大，热值低，所需要理论空气量比汽油或柴油少。从而保证发动机的动力性能不降低。

② 辛烷值比汽油高，是点燃发动机的代用燃料，可作为提高汽油辛烷值的优良添加剂，采用高压缩比提高热效率。普通汽油与 15%～20% 的醇类燃料混合，辛烷值可以达到优质汽油的水平。但是醇类燃料的抗爆性敏感度大，中、高速时的抗爆性不如低速时好。

③ 常温下为液体，操作容易，储带方便。

④ 可燃界限宽，汽油的着火极限为 1.4～7.6，甲醇的着火极限为 6.7～36，燃烧速度快，火焰传播速度比汽油快，可以实现稀薄燃烧，利于排气净化和空燃比控制。

⑤ 与传统的发动机技术有继承性，特别是使用汽油-醇类混合燃料时，发动机的结构变化不太大，可减少燃烧室表面的燃烧沉积物和改善排放性能。

⑥ 由于十六烷值低，着火性差，着火延迟期长，在压燃式发动机中采用醇类燃料要困难得多，在点燃式发动机中应用较广。

⑦ 蒸发潜热大，使得醇类燃料低温起动和低温运行性能恶化。但在汽油中

混合低比例的醇,有燃烧室壁面给液体醇以蒸发热,这一特点可成为提高发动机热效率和冷却发动机的有利因素。

⑧ 热值低。甲醇的热值只有汽油的48%,乙醇的热值只有汽油的64%。因此,与燃用汽油相比,在同等的热效率下,醇的燃料经济性低。

⑨ 沸点低,蒸汽压高,容易产生气阻。

⑩ 腐蚀性大。醇具有较强的化学活性,能腐蚀锌、铝等金属。甲醇混合燃料的腐蚀性随甲醇含量的增加而增加。另外,醇与汽油的混合燃料对橡胶、塑料的溶胀作用比单独的醇或汽油都强,混合20%醇时对橡胶的溶胀作用最大。

⑪ 醇混合燃料容易发生分层。醇的吸水性强,混合燃料进入水分后易分离为两相。因此,醇混合燃料要加助溶剂。

⑫ 甲醇有毒,会刺激眼结膜,也会通过呼吸道、消化道和皮肤进入人体,刺激神经,造成头晕、乏力、气短等症状。

甲醇、乙醇与汽油、柴油的理化性能比较见表5-2。

表5-2 醇类燃料与汽油、柴油的理化性能的比较

项目	汽油	柴油	甲醇	乙醇
分子式	$C_4 \sim C_{12}$烃化合物类	$C_{16} \sim C_{23}$烃化合物类	CH_3OH	C_2H_5OH
相对分子质量	100~115	226	32	46
物理状态	液态	液态	液态	液态
车上的储存状态	液态	液态	液态	液态
液态的相对密度/(g/cm³)	0.72~0.75	0.82~0.88	0.7914	0.7843
沸点(常压)/℃	30~220	18~370	64.8	78
饱和蒸汽压/kPa	62.0~82.7	—	30.997	17.332
低热值/(MJ/kg)	44.52	43	20.26	2720
混合气热值/(kJ/m³)	3750	3750	3557	3660
汽化潜热/(kJ/kg)	297		1101	862
研究法辛烷值(RON)	90~106	—	112	111
马达法辛烷值(MON)	81~89		92	80
十六烷值	27	40~60	3	8
闪点/℃	-43	60	11	221
自燃点/℃	260	—	470	420
理论空气量/(kg/kg)	14.9	14.5	6.52	9.05

问题 57　醇类燃料汽车的发展现状是什么？

醇类燃料用作内燃机的燃料由来已久。1909 年，美国人 Henry Ford 设计并制造了世界上第一辆燃用乙醇的汽车。20 世纪二三十年代，美国、巴西、德国、法国、新西兰等国先后将乙醇与其有的混合燃料用于汽车。20 世纪 70 年代第二次世界石油危机后，世界各国从寻找代用燃料的目的出发，纷纷开展了一系列掺醇汽油或纯甲醇（纯乙醇）代替车用汽油的研究工作。

1. 甲醇燃料汽车的发展

世界上已有 70 多个国家不同程度地应用甲醇汽车，有的已达到较大规模的推广，甲醇汽车的地位日益提升。甲醇的资源丰富，可以再生，属于生物质的能源。但是甲醇同样属于一次能源，它的使用同样会带来环境污染。

我国甲醇燃料汽车的发展从未停止，尤其是在山西等富含煤矿的地区。与之相关的添加改善燃料性能、不同配比的燃油发动机改装、专用发动机的开发、运输与加注设施的改建技术、地方标准制定、示范运营等方面的工作，在争论声中不断取得实用性进展。

甲醇汽车是我国新能源汽车战略中的重要组成部分，属于醇醚类汽车的代表，甲醇燃料已经被确定为今后 20～30 年过渡性车用替代燃料。但由于欠缺规范性，掺烧甲醇比例不规范也带来了一些负面的效果。国家应该加大投入和支持的力度，规范生产标准等问题。

2. 乙醇燃料汽车的发展

乙醇一种环境友好能源。所以，乙醇汽车也是一种环境友好汽车。目前世界上已有 40 多个国家不同程度地应用乙醇汽车，其中以美国和巴西应用最多。

通用汽车在乙醇以及乙醇燃料汽车技术研发领域中一直走在业界的最前列。通用汽车 20 多年前就已经致力于乙醇燃料技术的研发，并通过和众多乙醇燃料生产商的合作，开发可以使用乙醇燃料的汽车产品。另外，通用汽车也是第一个在美国大规模应用 E10 燃料（90% 汽油和 10% 乙醇的混合燃料）的汽车制造商。

20世纪90年代初期,通用和福特两家汽车公司开始研制"灵活燃料"发动机,既可以用汽油,又可以用乙醇。2002年,福特汽车公司公布了巴西首款汽油-乙醇双燃料车,通用汽车公司在2003年将第一款"灵活燃料"汽车投向了市场。

巴西是全球最早发展乙醇汽车的国家。自2003年以来,巴西累计销售超过500万辆乙醇燃料汽车。2007年,汽车生产能力为350万,居日本、美国、中国、德国、韩国、法国之后,排名世界第7。2007年乙醇产量为220亿升,根据巴西法律规定,国内所有加油站出售的汽油也必须添加25%的乙醇燃料。因此,巴西公路上跑的基本上都是乙醇汽油汽车。经过近30年的努力,巴西已成为世界上唯一不供应纯汽油的国家,也是世界上发展替代能源、采用乙醇为汽车燃料最为成功的国家之一。

问题58 什么是生物柴油汽车?

生物柴油是指以油料作物、野生油料植物、工程微藻等水生植物油脂以及动物油脂、餐饮废油等为原料,通过酯交换工艺制成的有机脂肪酸酯类燃料。生物柴油汽车就是指使用全部或部分的生物柴油作为燃料的汽车。

生物柴油的学名叫"FAME",即脂肪酸甲基脂,它可以作为汽车一种替代燃料,直接用于汽车动力上。生物柴油可以以100%的浓度用于柴油发动机,目前世界上主要的生物柴油还是将生物油与矿物油调和使用,生物油一般占生物柴油总体积的2%~20%。目前行业上生物柴油的规模应用普遍在B5(5%的生物柴油+95%的标准柴油)~B20(20%的生物柴油+80%的标准柴油)。

使用生物柴油无需对原有柴油机进行较大的调整,而且燃油本身良好的自润滑性有利于降低磨损,相比于醚类和醇类代用燃料,有一定的优势。

问题59 什么是氢燃料汽车?

这里所说的氢燃料汽车,与用氢作燃料的燃料电池汽车有本质的区别。这里指的是以氢作为内燃机的燃料,通过氢的燃烧做功产生动力的汽车。

也就是说，氢燃料汽车是在传统内燃机的基础上加以修改后可以直接用氢作为燃料燃烧，产生动力的汽车，是一种真正实现零排放的交通工具。它排放出的是纯净水，具有无污染、零排放、储量丰富等优势。因此，氢燃料汽车是传统汽车最理想的替代方案。

图 5-14 所示为日本马自达公司在 2003 年东京车展上展出 RX-8 Hydrogen RE 氢燃料汽车。该车以燃烧后完全无污染的氢为燃料，搭载的"RENESIS 氢转子发动机"具有 4 个氢喷嘴，使用汽油为燃料行驶时与 RX-8 完全一样，采用两侧进排气。它使用氢为燃料行驶时，通过安装在 RENESIS 发动机外壳上的喷嘴直接喷射氢。

图 5-14　马自达 RX-8Hydrogen RE 氢燃料汽车

问题 60　氢燃料汽车主要有哪些类型？

氢燃料汽车按照氢携带方式的不同，可分为压缩氢汽车、液化氢汽车和吸附氢汽车三种。

1. 压缩氢汽车

压缩氢汽车是指以高压气态形式携带氢的氢燃料汽车，在压缩氢汽车中，氢以 20~25MPa 的压力储存于高压容器中，工作时经降压、计量和混合后进入气缸，也可以直接喷入气缸。16.2L 的这种装在高压瓶里压缩氢的热量相当于 1L

汽油的热量。因此使用氢,燃料箱的容积是汽油箱的16.2倍,将会占去汽车的大部分容积。这样大的高压容器,重量也不言而喻,显然,在汽车上装用这样的燃料箱是不可能的,所以实际中很少采用这种形式制造汽车。

2. 液化氢汽车

液化氢汽车是指以液态形式携带氢的氢燃料汽车,工作时液态氢经升温、降压和计量,然后直接喷入气缸,或在机外混合后进入气缸。一般是直接喷入气缸。

把气态氢变成液态氢也相当困难,因为氢气要在非常低温条件下(-252.8℃)才可液化成为液态氢。液态氢的相对密度约0.0708,3.9L液态氢的低热值相当于1L汽油,重量只有汽油的1/2.7,这与汽油的情况相差不多。但是,氢的液化工艺复杂,要求的条件较高,成本非常高。液态氢的缺点:液态氢容器必须耐-252.8℃的超低温,材料要求很高;管道及阀门要求有极高的绝热能力及耐低温能力;液态氢是很难密封的,各接头处还必须非常密封。1990年在日本,用日产汽车改装的液态氢轿车使用容积为100L、总重60kg的液氢罐,车速达100km/h,一次加气可连续行驶300km。

3. 吸附氢汽车

吸附氢汽车是指用金属氢化物或碳纳米管携带氢的氢燃料汽车。工作时,储存于金属氢化物或碳纳米管中的氢释放出来直接喷入气缸,或在机外与空气混合后进入气缸。

目前使用最多的是金属氢化物,在一定的压力和较低的温度条件下,将氢储入金属内,在降压和升温时,氢被释放,用做发动机的燃料。用这种方法可以将氢的体积缩小到1/1000左右,金属氢化物的能量密度可达$0.6\sim 2kW\cdot h/kg$。金属氢化物类似动力电池,氢释放完以后,可再次充氢,多次使用。充气时,氢与金属化物放出一定的热量,释放时吸收一定的热量。在充氢气站,金属氢化物容器的冷却可用水管通水冷却。使用中需加热时,可用发动机的排气热量或冷却系统的热量。美国、德国、法国等国家采用金属氢化物储氢。我国已研制成功一种氢能汽车,使用储氢材料90kg就可以连续行驶40km,车速达50km/h。

问题 61　氢燃料汽车安全吗？

一般来说，氢的危险性与汽油或丙烷相当。在安全性方面，各种燃料均有不同的特点。

氢燃料在安全性方面存在自身的优点，如氢的自燃温度高，若无高温火源，一般不会着火；氢的密度小，扩散系数大，即使发生泄漏，也会很快扩散到空气中去。因此在开放空间，氢几乎不会着火燃烧。石油及煤燃烧时，均发出强烈的红色辐射热，而氢燃烧时火焰为无色，且辐射十分微弱，除上方外，其下方或侧面的高温危险区十分狭窄。

当然，氢燃料在安全性方面也存在着缺点，其中包括：氢点燃所需的点火能量很低，因此能被高温炽热点燃；氢的着火界限很宽广，即使是极为稀薄的氢与空气的混合气，也能被点燃着火；氢能从很窄的缝隙中泄漏出来。

因此，只要管理得当，氢其实并不比汽油危险。只要氢燃料汽车解决好氢的安全储运问题，并配备高效的主动和被动氢安全系统，氢燃料汽车的安全性就能够得到保障。

问题 62　什么是二甲醚汽车？

二甲醚汽车指以二甲醚为能源的汽车。

二甲醚（Dimethyl Ether，DME）属于醚的同系物，但与用作麻醉剂的乙醚不一样，它虽然对皮肤有轻微的刺激作用，但毒性极低，具有优异的环境性能指标，在大气中二甲醚能够在短时间内分解为水和二氧化碳，不会对环境造成破坏；作为柴油机代用燃料，二甲醚具有十六烷值高的特点，在 55 以上（天然气、液化石油气和醇类燃料十六烷值小于 10，不能直接作为柴油机代用燃料使用，而只能作为汽油机的代用燃料）。二甲醚不含硫和氮等杂质，组成中含氧，尾气排放造成的环境污染少，其 CO 和 HC 的排放比以柴油为燃料的柴油机有较大幅度的下降，因而是城市车辆比较理想的清洁燃料。自然界中不存在二甲醚，必须用原料来制成,其制取原料主要有天然气、煤和生物质等。研究表明,大规模生产二甲醚的成本不会高于柴油,成本和污染都低于丙烷和压缩天然气等低污染替代燃料。

现阶段,二甲醚燃料一般用在柴油机上,因此二甲醚汽车一般在载货汽车或者大客车的基础上改制而成。图 5-15 所示为上海交通大学与上汽集团、上海柴油机股份有限公司、上海华谊集团合作,成功开发的具有完全自主知识产权的我国第一台二甲醚城市客车。该车发动机采用上柴 SC8R250Q3B 型号的发动机,排量 8.27L,最大功率 184kW,最大转矩 985N·m。燃料系统采用 3 只容积为 140L 的车用液化二甲醚钢瓶。

图 5-15 海锋甲醇动力轿车

第 6 章

电动汽车核心技术

我国电动汽车发展的技术路线和需要突破的核心技术，主要是电池、电机和电控三大核心技术。

"电池"是指铅酸电池、镍氢电池、锂离子电池、超级电容等；"电机"是指永磁同步电机、交流异步电机、开关磁阻电机等；"电控"是指整车控制器和整车控制策略等。突破电动汽车关键技术，对于提升我国自主品牌汽车竞争力，具有重要的战略意义。

问题 63　电动汽车的动力电池主要有哪些类型？

动力电池是电动汽车的动力源，是能量的存储装置，也是目前制约电动汽车发展的关键因素。要使电动汽车能与燃油汽车相竞争，关键是开发出比能量高、比功率大、使用寿命长、成本低的动力电池。

常见的动力电池可大致分类如图 6-1 所示。

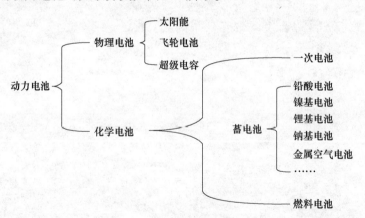

图 6-1　动力电池常见类型及分类

目前，任何一种动力电池都不可能同时满足对比能量、比功率和价格的要求。

在不久的将来，锂基电池，如锂离子电池和锂聚合物电池在现代电动汽车中的应用将会更为广泛；超级电容器和超高速飞轮由于其高的比功率将也有希望用于电动汽车；燃料电池能从根本上解决电动汽车续驶里程短的问题，被公认为是目前电动汽车最重要的能源之一。

问题 64　不同类型的动力电池的主要性能指标有哪些差异？

1. 动力电池的性能指标

动力电池的性能指标主要有电压、容量、内阻、能量、功率、输出效率、自放电率、使用寿命等。根据电池种类不同，其性能指标会有差异。

动力电池电压分为端电压、开路电压、额定电压、充电终止电压和放电终止电压。动力电池正极和负极之间的电位差即为端电压，在没有负载的情况下，端电压叫开路电压，电池在工作时输出的标准电压即为额定电压，电池充电时的电压极限值就是充电终止电压，放电时的电压极限值是放电终止电压。

容量是指电池在一定放电条件下所能放出的电量，用符号 C 表示，单位常用为 $A \cdot h$ 或 $mA \cdot h$，等于放电电流与放电时间的乘积。容量可以分为理论容量、标称容量与额定容量。

比能量又称能量密度。电池的能量是指在一定放电制度下，电池所能输出的电能，单位为 $W \cdot h$ 或 $kW \cdot h$，它影响电动汽车的行驶距离。比能量为单位重量或单位体积电池对外输出的能量，单位为 $W \cdot h/kg$ 或 $W \cdot h/L$。

比功率又称功率密度，是单位时间电池的比能量。比功率的大小表征电池能承受的工作电流的大小，单位为 W/kg 或 W/L。比功率是评价电池及电池包是否满足电动汽车加速和爬坡能力的重要指标。

2. 常用动力电池的性能对比

迄今已经实用化的车用动力电池主要有铅酸电池、镍氢电池和锂离子电池等。表6-1 所示为常用动力电池的性能对比。

表6-1　常用动力电池的性能对比

电池类型	比能量/(W·h/kg)	比功率/(W/kg)	循环寿命/次
铅酸电池	30~45	200~300	400~600
镍镉电池	40~60	150~350	600~1200
镍氢电池	60~80	50~1350	1000
锂离子电池	90~130	250~450	800~1200

目前锂离子电池是所有二次电池中，综合性能最优的一种新型电池。与其他动力电池相比，锂离子电池应用于电动汽车，在容量、功率方面均具有较大优势。

问题 65　什么是动力电池管理系统？

动力电池管理系统（BMS）作为实时监控、自动均衡、智能充放电的电子系统，起到保障安全、延长寿命、估算剩余电量等重要功能，是动力和储能电池组中不可或缺的重要部件。BMS 对电池组进行安全监控及有效管理，提高电池的使用效率，达到增加续驶里程、延长使用寿命、降低运行成本的目的，进一步提高电池组的可靠性，对于电动汽车的整车控制、安全管理以及提高可靠性具有重要意义。

电池管理系统由电池控制单元、主/辅充电器、热管理系统、SOC 估计、电池警报装置、模块传感装置和安全模块构成，如图 6-2 所示。

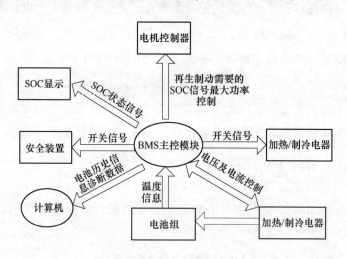

图 6-2　电池管理系统组成图

电池管理系统的主要功能包括数据采集、电池状态估计、能量管理、热管理、安全管理和通信功能等，如图 6-3 所示。

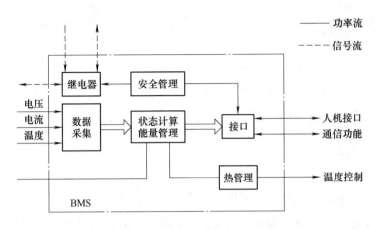

图 6-3　电池管理系统功能示意图

1. 数据采集

电池管理系统的所有算法均以采集的动力电池数据作为输入，采样速率、精度和前置滤波特性是影响电池系统性能的重要指标。电动汽车电池管理系统的采样速率一般要求大于 20Hz。

2. 电池状态计算

电池状态计算主要包括 SOC 和电池组健康状态（State of Health，SOH）两方面。SOC 用来提示动力电池组剩余电量，是计算和估计电动汽车续驶里程的基础。SOH 用来提示电池技术状态、预计可用寿命等健康状态的参数。

SOC 是防止动力电池过充电和过放电的主要依据，只有准确估计电池组的 SOC，才能有效提高动力电池组的利用效率，保证动力电池组的使用寿命。在电动汽车中，准确估计动力电池 SOC，可以保护动力电池，提高整车性能，降低对动力电池的要求以及提高经济性等。

3. 能量管理

能量管理主要包括两部分：以电流、电压、温度、SOC 和 SOH 为输入进行充电过程控制；以 SOC、SOH 和温度参数为条件进行放电功率控制。

4. 安全管理

安全管理主要用于监视电池电压、电流、温度等是否超过正常范围，防止电池组过充电、过放电。现在，在对电池组进行整组监控的同时，多数电池管理系统已经发展到对极端单体电池进行过充电、过放电、温度过高等安全状态管理。

5. 热管理

热管理主要用于电池工作温度高于适宜工作温度上限时对电池进行冷却，低于适宜工作温度下限时对电池进行加热，使电池处于适宜的工作温度范围内，并在电池工作过程中保持电池单体间温度的均衡。对于大功率放电和高温条件下使用的电池，电池的热管理尤为必要。

热管理主要有以下功能：电池温度的准确测量和监控；电池组温度过高时的有效散热和通风，低温条件下的快速加热；有害气体产生时的有效通风；保证电池温度场的均匀分布。

6. 均衡控制

电池组的工作状态由组内最差电池单体决定，电池的一致性差异会直接影响电池组的性能。在电池组各个电池之间设置均衡电路、实施均衡控制是为了使各单体电池充放电的工作情况尽量一致，提高整体电池组的工作性能。

7. 通信功能

通过电池管理系统实现电池参数和信息与车载设备或非车载设备的通信，为充放电控制、整车控制提供数据依据是电池管理系统的重要功能之一。根据应用需要，数据交换可采用不同的通信接口，如模拟信号、PWM 信号、CAN 总线或 12C 串行接口。

8. 人机接口

人机接口用于根据设计需要设置显示信息以及控制按键、旋钮等。图 6-4 所示为某电池管理系统的监控信息显示界面。

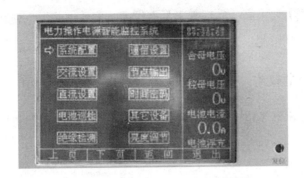

图 6-4　某电池管理系统的监控信息显示界面

问题 66　动力电池管理系统的关键技术是什么？

动力电池管理系统的关键技术有电池荷电状态（SOC）估计、电池安全技术、电池热管理技术和电池均衡技术等。

1. 电池荷电状态（SOC）估计

电池 SOC 估计是 BMS 的关键和核心，它是多项控制策略都准确制定的前提。在整车能量管理中，实现动力电池的 SOC 准确估计，能够避免对动力电池造成损害，合理利用动力电池提供的电能，提高电池的利用率，延长电池组的使用寿命。SOC 估计有其特殊性，温度不同、倍率不同，SOC 点不同，充放电效率也不同；电池放电倍率越大，放出电量越少；电池工作的温度过高或过低，可用容量降低；由于有老化和自放电因素的存在，SOC 值需要不断修正。

常见的电池 SOC 估计方法有：放电实验法、实际算法、开路电压法、负载电压法、内阻法、线性模型法、神经网络法和卡尔曼滤波法等。

各种电池 SOC 估算方法有其各自的优缺点和适用场合：对于恒定小电流或者电流缓变的情况，除开路电压法、负载电压法、放电实验法外，其他各种估算方法都具有很好的适应性，同时其估算的精度也满足要求；对于大电流或者电流波动剧烈的场合，卡尔曼滤波法和神经网络法具有较好的适应性，其余估算方法均出现不同程度的不适应性。但卡尔曼滤波法和神经网络法虽然能够适应该场合，但是由于能力要求高，实现起来具有较高难度。这些缺点使得这两种方法在实际的应用中受到限制。

2. 电池安全技术

电池安全技术涉及电池安全、高压互锁回路、绝缘电阻测量以及碰撞安全等方面。

（1）电池安全

对于车用锂离子电池，我国国家标准和美国先进电池协会有严格的滥用性能测试要求及测试项目。滥用测试性能等级要求有 1~7 级，等级大于 2 级，即说明电池遭到了不可修复的损坏。滥用测试项目分为三大类，包括机械、热和电滥用总共 16 个项目。每个量产的电池产品都必须完成以上滥用测试。

在设计车用锂离子动力电池系统时，应从电池材料（包括正负极材料、隔膜、电解液）、电池单体的设计和制造（包括电池结构、安全设计、均一性）、电池系统的安全功能（包括电池管理系统、热管理系统、高压安全、外壳等）、整车安全功能等不同层面进行研究和分析，以确保它在车上的安全使用。

（2）高压互锁回路

设计车用锂离子电池系统时，电池管理系统要提供一个手动开关，手动开关内部集成主回路的熔丝及主回路的高压互锁电路。当手动开关从电池系统中拔出时，要保证电池系统的输出端没有任何潜在的危险电压。电池管理系统同时要为充电器提供另一个高压互锁电路。电池管理系统要实时监控高压动力母线以及充电器的高压互锁电路，电池管理系统提供高压互锁电路的输出源，同时在 CAN 总线上给出当前高压互锁电路的监控信息。所有的高压部件都应提供高压互锁连接装置，这些高压互锁连接装置通过串行方式进行连接。

（3）绝缘电阻测量

SAE-J1766 规定了高压动力源与车辆底盘的绝缘电阻要求。标准规定：高压系统的绝缘电阻要大于 $1000\Omega/V$。因此，要求 BMS 控制器应实时监测高压系统的绝缘故障，当出现故障时，执行相应的操作。BMS 要实时测量高压动力母线正负极和车身绝缘电阻的状态，并通过 CAN 总线上报当前的绝缘电阻值。如果当前测量的绝缘电阻值小于设定值，那么电池管理系统要给出报警信号。例如对于最高电压为400V左右的系统,当绝缘电阻为400kΩ时,电池管理系统给出报警信号。如果当前测量的绝缘电阻值小于设定值,例如200kΩ时,那么电池管理系统要给出危险信号并切断所有的主接触器。

(4) 碰撞安全

车辆在行驶过程中,发生碰撞事故是难免的。出于安全考虑,电池系统主回路上必须安装碰撞开关,且要求车用锂离子电池管理系统的正负极主接触器及预充电接触器的电源由碰撞开关提供。同时,电池管理系统需要控制正负极主接触器及预充电接触器的电源负极。当碰撞开关断开后,正负极主接触器及预充电接触器的电源会被切断。

3. 电池热管理技术

电池在不同的温度下会有不同的工作性能,温度的变化会使电池的SOC、开路电压、内阻和可用能量发生变化,甚至会影响电池的使用寿命。另外温度的差异也是引起电池均衡问题的原因之一。为了保证电池系统的性能和寿命,车用锂电池系统都必须具有热管理系统。

在电池热管理中,国内外的研究中主要有液冷和风冷两种冷却方式。液冷方案设计主要考虑冷却管道、流场、进出口冷却剂的流量、温度、压降,以及水泵和整车空调压缩机的控制策略等。风冷方案设计主要考虑电池系统结构的设计、风道、风扇的位置及功率的选择、风扇的控制策略等。风冷的方式主要有串行冷却式和并行冷却式,如图6-5所示。目前国内普遍采用并行风冷的方式。

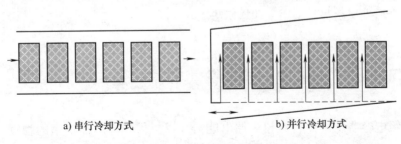

a) 串行冷却方式　　　　b) 并行冷却方式

图6-5　风冷方式

4. 电池均衡技术

在实际使用中,由于单体电池之间的差异,电池组的容量只能达到最弱的电池的容量。在串联电池组中，虽然通过单体电池的电流相同，但是由于其容量不同，电池的放电深度也会不同，容量大的总会浅充浅放，而容量小的总会过充过放，这就造成容量大的电池衰减缓慢，寿命延长，容量小的衰减加快，寿命缩短，两者之间的差异会越来越大。因此小容量电池的失效会导致整个电池组的提前失效。

电池均衡技术涉及均衡算法、均衡电路设计等。

电池匹配失衡主要表现在两个方面：电池荷电状态失衡（即所有单体的容量相同，但在电池组制作或搁置过程中，单体的荷电状态不同）和电池容量或能量的失衡。采用电池均衡处理技术便可解决以上两种失衡问题，从而改进串联电池组的性能。

从均衡电路的拓扑结构来分类，常见的设计有集中均衡和独立均衡两种。集中均衡是通过控制器控制继电器网络来切换不同单体，用同一个均衡单元对不同电池单体进行均衡管理，采用这种方法的优点是硬件设备简单，但继电器网络控制逻辑要求高，每次只能给电池组内的一只单体进行均衡，效率低。独立均衡电路有若干均衡单元，通过控制器控制每个均衡单元对一节电池或一组电池进行均衡管理。该方法比集中均衡的硬件复杂，设备成本高，但是均衡的自动化程度高，控制灵活，可以同时对多只电池进行均衡管理。

目前常用的均衡电路包括被动均衡电路和主动均衡电路两种。小容量电池组往往采用一种简单的被动平衡方法，旨在最大限度地降低成本。而针对电动汽车用大容量动力电池采用被动均衡法，均衡效率不高，发热量大，且影响车的行驶里程。今后发展趋势是采用主动均衡法。

问题67　超级电容器的分类和结构是怎样的？

超级电容器是一种具有超级储电能力、可提供强大脉冲功率的物理二次电源。它是介于动力电池和传统静电电容器之间的一种新型储能装置。

超级电容器主要是利用电极/电解质界面电荷分离所形成的双电层，或借助电极表面快速的氧化还原反应所产生的法拉第准电容来实现电荷和能量的储存。它是一种电化学元件，在电极与电解液接触面间具有极高的比电容和非常大的接触表面积,但其储能的过程并不发生化学反应,并且这种储能过程是可逆的,因此超级电容器的循环寿命非常长。

按超级电容器的电极材料不同,可分为碳电极双层超级电容器、金属氧化物电极超级电容器、高分子聚合物电极超级电容器、碳镍体电极超级电容器等。

超级电容器单体主要由电极、电解质、集电极、隔离膜、连线极柱、密封材料和排气阀等组成。电极材料要求电极内阻小、导电率高、表面积大、尽量薄;电解质需要有较高导电性和电化学稳定性,材料分为有机类和无机类,或分为液态和固态类;集电极选用导电性能良好的金属和石墨等来充当;隔离膜防止超级电容器相邻两电极短路,保证接触电阻较小,尽量薄,通常使用多孔隔膜,有机电解质通常使用聚合物或纸作为隔膜,水溶液电解质可采用玻璃纤维或陶瓷隔膜。双层超级电容的结构如图6-6所示。

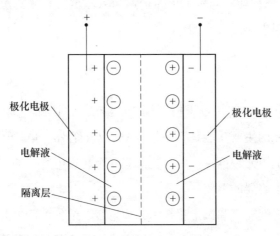

图 6-6 双层超级电容器的结构

问题 68 什么是超级电容器管理系统?

超级电容器组是由多个电容器串并联组成的。为使其可靠而稳定地工作,需要能量管理系统。

超级电容器管理系统可以实现电容对单体电容工作状态的实时监控、测量、保护及信息上报,具有电压均衡、过压保护、故障定位、自行诊断、监测报警等功能。管理系统对超级电容器的工作状态进行实时监控与控制,可大大提高其安全性、可靠性,保证模块稳定运行,具有节能减排、绿色能源的实质性技术特点和显著效果。

超级电容器组的能量管理系统由以下几部分组成:单体检测单元、数据采集单元、能量管理单元、数据管理单元等。

1. 单体检测单元

该单元包括单体超级电容器失效监测电路。当某一单体超级电容器因各种原因失效时,监测电路都会在第一时间内向超级电容器组能量管理系统报警。具体的每一个监测电路都确定四个监测阀值电压,然后通过相应的逻辑变换电路,转化成为子机 MCU 系统能够识别的电压监测单元数据。具体每组单元故障判别都是通过相应的逻辑电路来实现的。

2. 数据采集单元

数据采集单元主要包括电压检测模块、温度检测模块、单体故障判别模块等。数据采集单元的主要功能是:采集各个单体电容器的电压监测单元数据,连接各单体故障判别单元数据,另外还要采集各个超级电容器的温度状态,实时监测各个单体超级电容器的温度。

该单元采用电气隔离和抗干扰技术完成电容器组各单体电容器的电压、温度等数据的实时测量,并实时监测单体电压完成故障诊断与报警状态的判别,并通过内部总线将结果提供给数据采集及能量管理控制单元。

3. 能量管理单元

能量管理单元通过内部总线得到各单体电容器的电压、温度等数据,判断出电容器的实时状态,并实时监测单体电压完成故障诊断与报警状态的判别。

4. 数据管理单元

数据管理单元主要完成管理历史数据的任务,能够与 PC 机连接,能够通过液晶屏显示相应的信息。

超级电容器组管理系统的主要功能为：检测、采集和监管超级电容器的电压、电流等电能数据和热量数据等；控制超级电容器的充放电，解决超级电容器组中单体超级电容器的均衡问题和热量管理问题等。

问题 69　电动汽车驱动电机主要有哪些类型？

一般用途的电机的种类很多，用途广泛，功率的覆盖面非常大。电动汽车根据对驱动电机的性能特点要求，采用了一些符合要求的电机，其基本类型如图 6-7 所示。

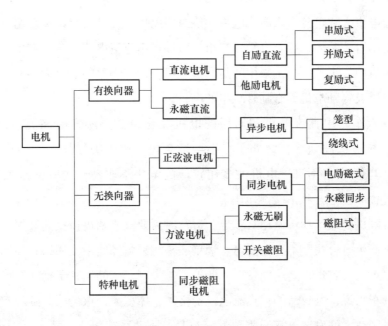

图 6-7　新能源汽车所采用的电机的基本类型

电动汽车经常采用的驱动电机包括：直流电机、交流异步电机、永磁同步电机和开关磁阻电机等。最早应用于电动汽车的是直流电机，这种电机的优点是控制性能好、成本低。随着电子技术、机械制造技术和自动控制技术的发展，交流异步电机、永磁同步电机和开关磁阻电机在很多方面显示出比直流电机更加优越的性能，这些电机正在逐步取代直流电机。

问题 70　直流电机的结构和特点是什么？

直流电机（Direct Current Machine）是指能将直流电能转换成机械能的旋转电机。它是能实现直流电能和机械能互相转换的电机。

直流电机由于控制性能好，最早在电动汽车中获得应用。直流牵引电机具有起步加速牵引力大、控制系统较简单等优点。直流电机的缺点是有机械换向器，当在高速大负荷下运行时，换向器表面会产生火花，因此电机的转速不能太高。由于直流电机采用机械式电刷和换向器，其过载能力、转速范围、功率体积比、功率质量比、系统效率、使用维护性均受到限制。

直流电机大致可分为永磁式电机和绕组式电机。前者没有励磁绕组且永磁体的磁场是不可控制的，后者有励磁绕组且磁场可由直流电流控制。在电动汽车所采用的电机中，小功率电机采用的是永磁电机，而大功率的电机大多采用的是串励、并励以及复励电机等有励磁绕组的电机。

电动汽车专用直流电机和通用的电机相比，需要考虑耐高温、抗振动、低损耗、抗负荷波动等，此外还有小型轻量化、免维护等技术上的难题。除此之外，电动汽车用直流电机大多在较低的电压下驱动，同时又是大电流电路，因此需要注意连线的接触电阻。

直流电机的效率和转速相对较低；运行时需要电刷和机械换向装置，机械换向结构易产生电火花，不宜在多尘、潮湿、易燃易爆环境中使用；其换向器维护困难，很难向大容量、高速度发展；此外，电火花产生的电磁干扰对高度电子化的电动汽车来说也是致命的；直流电机价格高，体积大，重量大。随着控制理论和电力电子技术的发展，直流驱动系统与其他驱动系统相比，已大大处于劣势。因此，目前国外各大公司研制的电动汽车电驱动系统已逐渐淘汰了直流电机驱动系统。

图 6-8 所示为直流电机的结构，它由定子和转子两大部分组成。图 6-9 所示为电动汽车驱动电机在很多情况下使用的驱动特性。

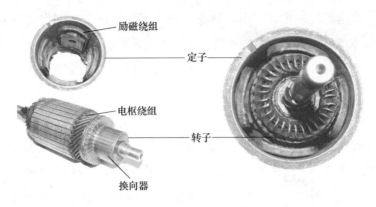

图6-8 直流电机的结构

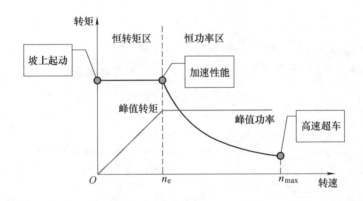

图6-9 直流电机的驱动特性

问题71 永磁同步电机的结构和特点是什么？

永磁同步电机（Permanent Magnet Synchronous Motor，PMSM）的能量密度高、效率高、体积小、惯性小、响应快，有很好的应用前景。

图6-10所示为永磁同步电机的结构。和传统电机一样，它主要由定子和转子两大部分构成。

定子与普通异步电机的定子基本相同，

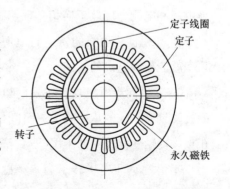

图6-10 永磁同步电机的结构示意图

由电枢铁心和电枢绕组构成。电枢铁心一般采用0.5mm硅钢冲片叠压而成。对于具有高效率指标或频率较高的电机,为了减少铁耗,可以考虑使用0.35mm的低损耗冷轧无取向硅钢片。电枢绕组则普遍采用分布、短距绕组;对于极数较多的电机,则普遍采用分数槽绕组;需要进一步改善电动势波形时,也可以考虑采用正弦绕组或其他特殊绕组。

转子主要由永磁体、转子铁心和转轴等构成。其中永磁体主要采用铁氧体永磁和钕铁硼永磁材料;转子铁心可根据磁极结构的不同,选用实心钢,或采用钢板或硅钢片冲制后叠压而成。与普通电机相比,永磁同步电机还必须装有转子永磁体位置检测器,用来检测磁极位置,并以此对电枢电流进行控制,达到控制永磁同步电机驱动的目的。

根据输入电机接线端的交流波形,永磁无刷电机可分为永磁同步电机和永磁无刷直流电机。输入永磁同步电机的是交流正弦或者近似正弦波,采用连续转子位置反馈信号来控制换向;而输入永磁无刷直流电机的是交流方波,采用离散转子位置反馈信号来控制转向。

根据永磁体在转子上位置的不同,永磁同步电机的磁极结构可分为表面式和内置式两种。外置式永磁同步电机的结构比内置式电机简单,且具有制造容易、成本低廉的优点,因而在工业上应用较多。其中,面贴式永磁同步电机转子的结构最为简单,与插入式相比,它提高了转子表面的平均磁密,可以得到更大的电磁转矩。现阶段,工业上应用最多的是面贴式永磁同步电机。

永磁同步电机与其他电机相比,具有以下优点:

① 用永磁体取代绕线式同步电机转子中的励磁绕组,从而省去了励磁线圈、集电环和电刷,以电子换相实现无刷运行,结构简单,运行可靠。

② 永磁同步电机的转速与电源频率间始终保持准确的同步关系,控制电源频率就能控制电机的转速。

③ 永磁同步电机具有较硬的机械特性,对于因负载变化而产生的电机转矩的扰动具有较强的承受能力,瞬间最大转矩可以达到额定转矩的3倍以上,适合在负载转矩变化较大的工况下运行,适合电动汽车的起动加速。

④ 永磁同步电机转子为永久磁铁,无须励磁,因此电机可以在很低的转速下保持同步运行,调速范围宽。

⑤ 永磁同步电机与异步电机相比，不需要无功励磁电流，因而功率因数高，定子电流和定子铜耗小，效率高。

⑥ 体积小，质量小。随着高性能永磁材料的不断应用，永磁同步电机的功率密度得到很大的提高，与同容量的异步电机相比，体积和重量都有较大的减少，适合电动汽车空间有限的特点。

⑦ 结构多样化，应用范围广。永磁同步电机由于转子结构的多样化，产生了特点和性能各异的许多品种，从工业到农业，从民用到国防，从日常生活到航空航天，从简单电动工具到高科技产品，几乎无所不在。

同时，永磁同步电机也存在如下的缺点：

① 由于永磁同步电机转子为永磁体，无法调节，必须通过加定子直轴去磁电流分量来削弱磁场。这会增大定子的电流，增加电机的铜耗。

② 永磁同步电机中磁钢的价格较高。

总之，永磁电机体积小，质量轻，转动惯量小，功率密度高，适合电动汽车空间有限的特点需要。另外过载能力强，尤其低转速时输出转矩大，适合电动汽车的起动加速。因此永磁同步电机得到国内外电动汽车界的广泛重视，并得到了普遍应用。

问题 72　异步电机的结构和特点是什么？

异步电机又称感应电机（Induction Motor, IM），是由气隙旋转磁场与转子绕组感应电流相互作用产生电磁转矩，从而实现电能转换为机械能的一种交流电机。

异步电机的种类很多，最常见的分类方法是按转子结构和定子绕组相数分类。按照转子结构来分，有笼型异步电机和绕线型异步电机；按照定子绕组的相数来分，有单相异步电机、两相异步电机和三相异步电机。异步电机是各类电机中应用最广、需求量最大的一种电机。在电动汽车中，主要使用笼型异步电机。

异步电机主要由静止的定子和旋转的转子两大部分组成，定子和转子之间存在气隙。此外，还有端盖、轴承、机座和风扇等部件。图 6-11 所示为三相交流异步电机的典型结构。

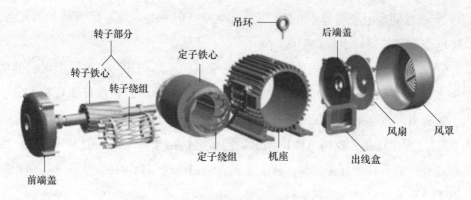

图 6-11　三相交流感应电机的典型结构

异步电机成本低且可靠性高，即使是逆变器损坏而发生短路时也不会产生反向电动势，不会出现紧急制动的可能性，因此广泛应用于大型高速的电动汽车中。三相笼型异步电动机的功率容量的覆盖面很广，从零点几瓦到几百千瓦。它可以采用空气冷却或液体冷却方式，冷却自由度高，对环境的适应性好，并且能够实现再生制动。与同样功率的直流电机比较，效率较高，质量大约要减小一半。

一般情况下，作为电动汽车专用的电机，因为安装条件是受限制的，而且要求小型轻量化，所以电机在 10 000r/min 以上高速运转时，大多采用一级齿轮减速器实现减速。此外，因为振动等恶劣工作环境、低转速状态下需要高转矩，并且要求在较宽的速度范围内具有恒功率输出特性，所以电动汽车用的异步电机与一般工业用的电机不同。因此，在设计上采用了多种特有的方法。

出于对工作环境的考虑，电机大多采用全封闭式结构。为了框架、托座等的轻量化，多采用压铸或挤压铝的方式制造，也有采用将定子铁心裸露在外表面的无框架的结构。而且为了实现小型轻量化，大多采用了水冷却定子框架的水冷式电动机。高速运转时由于频率升高而引起了铁损的增大，因此希望减少电机的极对数，一般采用 2 极对数或 4 极对数。但是采用 2 极对数时，线圈端部的长度较长，故采用 4 极对数的情况更多些。此外，为了减少铁损，普遍采用了有良好磁性的电磁钢板。

问题 73　开关磁阻电机的结构和特点是什么？

开关磁阻电机（Switched Reluctance Motor，SRM）是继直流电机和交流电机之后，又一种极具发展潜力的新型电机。

磁阻电机的研究最早可以追溯到 19 世纪 40 年代，英国研究者将其用于机车牵引系统。直到 20 世纪 60 年代，由于电力电子器件技术、计算机技术和自动控制理论的发展，磁阻电动机的研究才得以全面展开，其优点才被广泛了解。

开关磁阻电机作为一种新型电机，与其他类型的驱动电机相比，结构简单，定、转子均为普通硅钢片叠压而成的双凸极结构，转子上没有绕组，定子装有简单的集中绕组，具有结构简单坚固、可靠性高、质量轻、成本低、效率高、温升低、易于维修等诸多优点。而且它具有直流调速系统的可控性好的优良特性，同时适用于恶劣环境，非常适合作为电动汽车的驱动电机使用。图 6-12 所示为开关磁阻电机的具体结构。

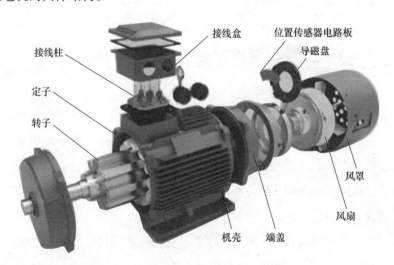

图 6-12 开关磁阻电机的具体结构

开关磁阻电机与其他电机相比，具有以下优点：

① 可控参数多，调速性能好。可控参数有主开关开通角、主开关关断角、相电流幅值、直流电源电压，控制方便，可四象限运行，容易实现正转、反转和电动、制动等特定的调节控制。

② 结构简单，成本低。开关磁阻电机转子无绕组，也不加永久磁铁，定子为集中绕组，比传统的直流电机、永磁电机及异步电机都简单，制造和维护方便，它的功率变换器比较简单，主开关元件数较少，电子器件少，成本低。

③ 损耗小，运转效率高。开关磁阻电机的转子不存在励磁及转差损耗，功率变换器元器件少，相应的损耗也小；控制灵活，易于在很宽转速范围内实现高效节能控制。

④ 起动转矩大，起动电流小。在15%额定电流的情况下就能达到100%的起动转矩。

同时，由于开关磁阻电机的特殊结构和工作方式，也存在一些缺点：

① 转矩脉动现象较大。

② 振动和噪声相对较大，特别是在负载运行的时候。

③ 电机的出线头相对较多，还有位置检测器出线端。

④ 电机的数学模型比较复杂，其准确的数学模型较难建立。

⑤ 控制复杂，依赖于电机的结构。

问题 74　什么是电动汽车的整车控制器？

整车控制器是电动汽车的关键部件，它基于人的操控指令、车速等整车的状态信息以及各个组成部件的状态信息等，实施驾驶人的指令解析、依据制定的控制策略进行动力分配控制、依据动力电池组等的能量状态进行能量管理、对各个组成部件进行信息监控和故障诊断等，并输出合理的指令到电机、发动机以及动力耦合装置等，满足汽车的行驶要求。

整车控制器硬件包括微处理器、电源及保护电路模块、CAN 通信模块、A/D 模块、I/O 接口、调试模块等。微处理器负责数据计算和存储，是整车控制器的大脑；电源及保护模块为微处理器提供稳定的 12V 或 24V 电源，并在电源意外接错的情况下切断电路保护整车控制器的安全；CAN 通信模块通过内嵌的 CAN 控制器和外接的 CAN 收发器实现了 CAN 网络通信；A/D 采集负责加速和制动踏板等模拟量信号的输入；I/O 接口负责接收钥匙、模式开关指令并实现继电器的开关控制；调试模块（BDM）实现程序的现在更新和在线调试。

整车控制器是控制系统的核心，承担了数据交换、安全管理和能量分配的任务。根据重要程度和实现次序，将整车控制器功能划分为四层，如图 6-13 所示。

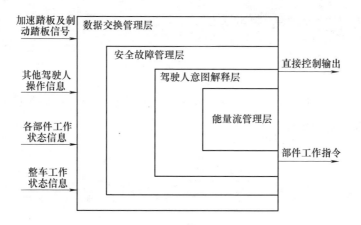

图 6-13 整车控制器功能划分

1. 数据交换管理层

整车控制器要实时采集驾驶人的操作信息和其他各个部件的工作状态信息，这是实现整车控制器其他功能的基础和前提。该层接收 CAN 总线的信息，对直接馈入整车控制器的物理量进行采样处理，并且通过 CAN 发送控制命令，通过 I/O、D/A 和 PWM 提供对显示单元、继电器等的驱动信号。

2. 安全故障管理层

实车运行中，任何部件都可能产生差错，从而可能导致器件损坏甚至危及车辆安全。控制器要能对汽车各种可能的故障进行分析处理，这是保证汽车行驶安全的必备条件。对车辆而言，故障可能出现在任何地方，但对于整车控制器而言，故障只体现在从第一层中继承的数据中。对继承的数据进行分析判断将是该层的主要工作之一。在检测出故障后，该层会做出相应处理，在保证车辆足够安全性的条件下，给出部件可供使用的工作范围，以尽可能满足驾驶人的驾驶意图。

3. 驾驶人意图解释层

驾驶人的所有与驱动驾驶相关的操作信号都直接进入整车控制器，整车控制器对采集的驾驶人操作信息进行正确的分析处理，计算出驱动系统的目标转矩和车辆的需求功率来实现驾驶人的意图。

4. 能量流管理层

该层的主要工作是在多个能量源之间进行需求功率分配，这是提高燃料电池汽车经济性的必要途径。

问题 75　什么是电动汽车的整车控制策略？

新能源汽车的整车控制策略以整车控制器为载体，通过 CAN 总线通信网络实现对各个部件的协调控制。整车控制策略的功能主要包括对整车控制系统进行自检、对 CAN 总线模块进行检测、故障诊断及处理、安全性检测及处理、电池保护控制以及换挡手柄信号检测及处理等。整车控制策略主流程如图 6-14 所示。

整车控制策略中各控制模式模块控制策略说明如下：

1. CAN 总线模块通信检测

CAN 总线模块通信检测子流程：该模块采集电机控制器、电池管理系统、AMT 控制单元及车身主控制单元的生命信号，通过与上次生命值的比较，判断 CAN 通信是否正常。如果通信异常，则发出通信异常报警信号；如果通信正常，则检测总线上节点的状态是否正常。若节点状态异常，则发出通信异常报警；若节点状态正常，则进入故障诊断及处理环节。

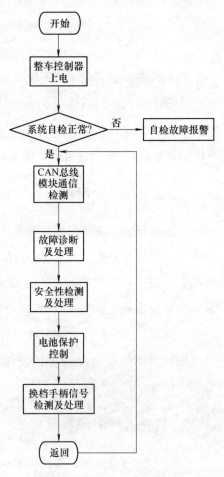

图 6-14　整车控制策略主流程

2. 故障诊断及处理

故障诊断及处理子流程：该子模块主要是通过对各个部件的状态参数进行分析，判断各部件存在的故障情况，并根据不同的故障制定不同的处理措施，以提高行车安全性及车辆的使用寿命；如果各部件均诊断无误，则进入安全性检测及处理环节。

3. 安全性检测及处理

安全性检测及处理子流程：该模块主要检测各部件绝缘是否正常。若绝缘存在异常，则根据总电流和高压开关的状态进行电机降功率运转或断开高压开关等处理措施，保证安全性；若绝缘正常，再判断充电插头是否断开。如果没有断开，则进行充电互锁；如果已经断开，则子模块会发出闭合高压开关通断继电器的指令，并进入电池保护控制环节。

4. 电池保护控制

电池保护控制子流程：该模块主要采集电池 SOC 状态、最低及最高单体电池电压、电池最高温度等信息，通过查询各状态的规则表，确定符合各种状态规则的最大充电电流、最大放电功率、电机峰值功率和最大再生制动功率等参数值，并进入换档手柄信号检测及处理环节。

5. 换档手柄信号检测及处理

换档手柄信号检测及处理子流程：该模块通过采集车速、电机转速、不同档位手柄信号等信息，制定不同的处理措施并发送给 AMT 控制器和电机控制器，同时给电机控制器发送电机峰值功率值和最大再生制动功率值数据，最后返回主流程的 CAN 总线模块通信检测环节。

第 7 章

新能源汽车的其他关键技术

除电池、电机、电控三大核心技术外，新能源汽车的其他关键技术还包括匹配与集成技术、整车辅助系统技术、整车安全技术、电磁兼容技术、轻量化技术、试验与评价技术等。

问题76　动力系统匹配的关键技术是什么？

匹配技术是新能源汽车的关键技术之一。动力系统的匹配关系到新能源汽车是否具有充足的动力性，以及在满足动力性基础上，新能源汽车是否具有最佳的经济性等。

我们知道，电动汽车广义上可分为纯电动汽车、混合动力电动汽车和燃料电池电动汽车等。其中混合动力电动汽车中的混合动力总成按照动力传输路线分类，可分为串联式、并联式和混联式三种结构形式。其中并联式结构根据输出轴结构的不同又可划分为单轴式和双轴式。

在电动汽车中，合理的动力系统参数匹配和良好的零部件性能造就了电动汽车良好的动力性能。对于不同的动力系统总成结构形式，都涉及对动力系统各零部件参数的匹配计算，比如对发动机参数、电机参数、电池参数，以及动力分配装置参数等进行匹配设计。也就是说，需要根据动力性和经济性指标，对电动汽车的动力系统涉及的各项参数进行匹配计算。

比如，根据电动汽车对动力性指标的要求，需要确定电动汽车的整车功率、传动系统的传动比以及动力电池的各项参数等。对于这些参数，可以按整车功率匹配基本原则、传动系统匹配基本原则以及储能系统匹配基本原则等来确定。

1. 整车功率匹配基本原则

电动汽车可分为多种类型，其中的混合动力汽车匹配最为复杂。混合动力汽车的整车总功率要求确定原则与传统汽车相似，都是根据整车的动力性来确定。混合动力汽车的动力性指标包括最高车速v_{max}、加速时间t及最大爬坡度要求i_{max}。根据三项动力性指标计算的各工况最大功率，动力装置总功率P_{total}必须满足：

$$P_{total} \geq P_{max} = \max(P_{max1}, P_{max2}, P_{max3}) \tag{7-1}$$

其中，P_{max1}为根据最高车速v_{max}确定的最大功率；P_{max2}为根据爬坡性能确定的最大功率；P_{max3} 根据加速性能来确定的动力装置的最大功率。

2. 传动系统匹配基本原则

传动比的大小对电动汽车动力性及耗电经济性有较大影响，一般传动比越大，爬坡及加速性能越强，但耗电经济性较差；反之，最高车速较高，经济性较好，但爬坡及加速性能较差。在电机输出特性一定时，传动系统的传动比如何选择，依赖于整车的动力性指标要求，即电动汽车传动比的选择应该满足汽车最高期望车速、最大爬坡度以及对加速车速的要求。

传动系统传动比的上限由电机最高转速和最高行驶车速确定，即

$$\sum_{min} i \leqslant \frac{0.377\, n_{max}r}{u_{max}} \tag{7-2}$$

而传动系统传动比的下限的确定有两种方法：由电机最高转速对应的输出转矩和最高行驶车速对应的行驶阻力确定传动系统传动比下限；由电机的最大输出转矩和最大爬坡度对应的行驶阻力确定传动系统传动比下限。

由电机最高转速对应的输出转矩和最高行驶车速对应的行驶阻力确定传动系统传动比下限为

$$\sum_{max} i \geqslant \frac{r}{\eta_t T_{umax}} \left(mgf + \frac{C_D A\, v_{max}^2}{21.15} \right) \tag{7-3}$$

式中，T_{umax} 为电机最高转速对应的输出转矩；f 为滚动阻力系数；C_D 为空气阻力系数；r 为车轮半径；A 为迎风面积；m 为汽车匹配计算载荷工况下的质量；g 为重力加速度。

由电机的最大输出转矩和最大爬坡度对应的行驶阻力确定传动系统传动比下限为：

$$\sum_{max} i \geqslant \frac{r}{\eta_t T_{max}} \left(mgf\cos \alpha_{max} + \frac{C_D A\, v_i^2}{21.15} \right) \tag{7-4}$$

式中，T_{max} 为电机最大输出转矩；α_{max} 为最大道路坡度。

3. 储能系统匹配基本原则

电动汽车动力电池系统的参数匹配主要包括电池的类型、电池组的数目、电池组容量、电池组电压等参数的选择。

目前可用于电动汽车的动力电池主要有铅酸电池、镍氢电池、锂离子电池和燃料电池。其中锂离子电池的高能量和充放电速度快等优越性能得到越来越多的关注，是目前市场前景最好的一种产品。

满足电动汽车行驶时所需的最大功率要求的电池组数目为

$$n_P = \frac{P_{emax}}{P_{bmax} \eta_e \eta_{ec} N} \tag{7-5}$$

式中，P_{emax} 为电机的峰值功率（kW）；η_e 为电机的工作效率；η_{ec} 为电机控制器的工作效率；P_{bmax} 为电池最大输出功率（kW）；N 为单电池组所包含的电池的数目（组）。

满足电动汽车续驶里程要求的电池组数目为

$$n_x = \frac{1000 SW}{C_s V_s N} \tag{7-6}$$

式中，S 为续驶里程（km）；W 为电动汽车行驶 1km 所消耗的能量（kW）；C_s 为单节电池的容量（A·h）；V_s 为单节电池的电压（V）。

电池组数目必须满足电动汽车行驶时所需的最大功率和续驶里程的要求，即

$$n = \max\{\eta_P \, \eta_x\} \tag{7-7}$$

电池组容量为

$$E_B = \frac{U_m C_E}{1000} \tag{7-8}$$

式中，E_B 为电池组能量（kW·h）；U_m 为电池组电压（V）；C_E 为电池组容量（A·h）。

动力电池能量应满足以下条件：

$$E_B \geqslant \frac{mgf + \frac{C_D A v_i^2}{21.15}}{3600 \times DOD \, \eta_t \, \eta_{mc} \, \eta_{dis} (1 - \eta_a) U_m} \times S \tag{7-9}$$

式中，η_t 为整车动力传动系效率；η_{mc} 为电机效率；η_{dis} 为电池组放电效率；η_a 为汽车附件能量消耗比例系数；v_i 为汽车爬坡速度；C_D 为汽车空气阻力系数；A 为汽车正面迎风面积（m²）；DOD 为动力电池放电深度；S 为续驶里程（km）。

问题 77　动力系统集成的关键技术是什么？

集成技术是新能源汽车的关键技术之一，动力系统的集成关系到新能源汽车

的动力性、经济性等方面，是集成技术的重要部分。

电动汽车动力系统主要由三个部分组成：动力源、电力电子系统和电机驱动系统。电力电子系统相当于动力系统的子系统，是围绕整个直流母线到后面的负载部分（负载除电机外，还包括车载空调、转向、控制系统等）。动力系统中电力电子部件所处的位置或连接方式决定了系统的具体构型和能量流动方式、流动途径。动力系统连接方式不同，整个构型也不同，而真正体现构型的是中间的电力电子部件部分。对于后面电机驱动部分，现在有两种方式：一种是集中式驱动，即一辆车用一个驱动电机；另一种采用多个电机，属于分布式驱动。实际上，不管哪种类型的动力系统，电驱动系统都是它的核心。

电动汽车动力系统集成中的关键问题包括直流母线电压制式的选择、驱动方式及驱动结构的选择等。

对于直流母线电压制式的选择，现在市场上主流车型采用的电压制式有两种：一种是300V，电压区间为280~450V，主要用于乘用车；商用车电压要高一点，500~700V。电压制式的选择影响系统效率、成本、整车安全性、可靠性及电池兼容性等。

按照动力驱动形式的不同，电动汽车目前分为集中驱动式和分布式驱动两大类。分布式驱动有两种表现形式，包括轮边电机和轮毂电机。集中式驱动和分布式驱动各有特点。目前，集中式驱动居多，但从发展趋势来讲，分布式驱动会更加灵活高效，但是对控制系统的要求也更高。

无论是串联式（燃料电池可视为特殊的串联结构）、并联式、混联式的混合动力车，还是由电池提供能量的纯电动汽车，其动力装置的布置往往在原发动机前舱布置的基础上进行，并力求把相应的电气装置布置在前舱（如DC/AC、DC/DC等），所以对部件小型化提出了更高的要求。此外，并联式或混联式混合动力电动车由于采用两个以上的动力装置，在布置上的要求更为严格。

图7-1所示为本田混合动力汽车采用的IMA混合动力系统。该动力系统是并联式混合动力系统，动力以发动机为主，结构设计简单，布置紧凑，质量较轻。IMA混合动力系统现在已经有了第五代（见图7-2），目前本田公司已经拥有Civic、Insight、CR-Z和Fit等多款混合动力车型。

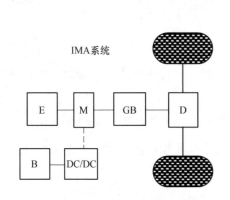

图 7-1 IMA 系统组成示意图
E—发动机 M—电机
B—动力电池 GB—变速器 D—差速器

图 7-2 IMA 系统结构实物局部剖开图

问题78 电动汽车为什么多采用电动助力转向系统（EPS）?

按转向系统有无助力可分为机械转向系和动力转向系两大类。机械转向系就是原来传统的没有助力的机械转向系统；动力转向系是将发动机动能或动力电池电能，经液压泵、空气压缩机或电动机，转换为液体压力、气体压力或电动机输出的机械能，从而增加（助力）驾驶人操纵转向轮转向的力。

动力转向系按传力介质的不同，可分为液压动力转向、气压动力转向、电动式动力转向三大类。本节将介绍电动助力转向系统（Electric Power Steering，EPS）及其结构特点。

对于新能源汽车而言，液压动力转向和气压动力转向系统都需要利用压缩机先把电能转换为液压或气压的机械能的形式，然后才能驱动助力转向系统，不如直接用电动助力转向系统效率高，而且便于实施智能控制。

与液压和气压助力转向系统比较，EPS 具有以下特点：

① EPS 能在各种行驶工况下提供最佳助力，减小由路面不平所引起的对转向系统的扰动，改善汽车的转向特性，减轻汽车低速行驶时的转向操作力，提高汽车高速行驶时的转向稳定性，进而提高汽车的主动安全性，并且可通过设置不同的转向手感特性来满足不同使用对象的需要。

② EPS 只有在转向时电动机才提供助力（不像液压助力，即使在不转向时，油泵也一直运转），因而能减少燃料消耗。

③ EPS 取消了油泵、传动带、带轮、液压软管、液压油及密封件等，其零件与液压助力系统相比大大减少，因此质量更轻，结构更紧凑，在安装位置选择方面也更容易，并且能降低噪声。

④ EPS 没有液压回路，比液压助力系统更易调整和检测，装配自动化程度更高，并且可以通过设置不同的程序，快速与不同车型匹配，因而能缩短生产和开发的周期。

⑤ EPS 不存在渗油问题，可大大降低维修成本，减少对环境的污染。

⑥ EPS 与液压助力系统相比，具有更好的低温工作性能。

问题 79　EPS 的主要类型有哪些？

电动助力转向系统（EPS）系统主要由传感器（车速传感器、转矩传感器、转向角传感器）、电子控制器 ECU 和执行机构（电动机、电磁离合器、齿轮减速及其传动件）三大部分组成。图 7-3 所示为电动助力转向系统的基本组成。

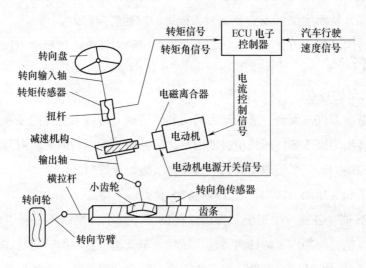

图 7-3　电动助力转向的基本组成

根据助力的施加位置和机械结构不同，EPS 通常有三种助力方式：转向柱助力式、齿轮助力式和齿条助力式，如图 7-4 所示。

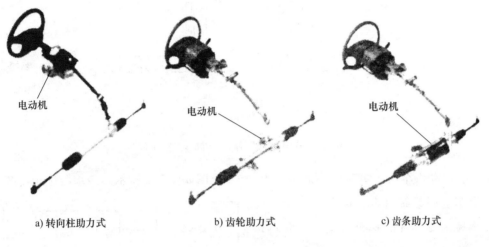

图 7-4　EPS 的三种助力方式

转向柱助力式 EPS 的电动机固定在转向柱一侧，通过减速机构与转向轴相连，直接驱动转向轴助力转向。齿轮助力式 EPS 的电动机、减速机构与小齿轮相连，直接驱动齿轮助力转向。齿条助力式 EPS 的电动机和减速机构直接驱动齿条提供助力。

 问题 80　空调系统的制冷方式有哪几种？

根据新能源汽车的特点，目前可以选择的制冷空气调节方式主要有热电偶制冷、电动压缩机制冷和余热制冷三种。其中余热制冷可以考虑在燃料电池电动汽车上采用。

1. 热电偶空调系统

热电偶技术自 20 世纪 50 年代末发展起来，其理论基础是佩尔捷 - 塞贝克物理效应。热电偶制冷、制热工作原理如图 7-5 所示。图中 N 型和 P 型半导体通过金属导流片连接，当电流由 N 通过 P 时，电场使 N 中的电子和 P 中的空穴反向流动，在导流片 1、2 上吸热，在导流片 3 上放热，产生温差。

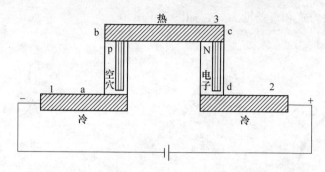

图 7-5　热电（偶）制冷、制热工作原理

电动汽车热电偶空调系统的原理结构示意图如图 7-6 所示。冷却器位于传统汽车空调系统蒸发器的位置，用于除去被调节空气的热量及水分，并将热量传给系统中的载热介质。散热器则位于传统汽车空调系统冷凝器的位置，吸收冷却器放给载热介质的热量，并将该热量排放到环境大气中。传递热量的载热介质可以采用乙二醇与水的混合物，与汽车散热器中使用的冷却液本质相同，价格便宜并对环境没有

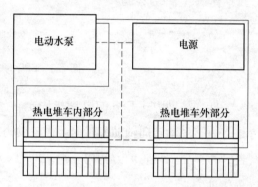

图 7-6　电动汽车热电偶空调系统的原理结构示意图

任何污染。另外，因为热电偶制冷效率的高低取决于热电堆冷热端的温差，而强化热端的散热与强化冷端的冷量散发有利于降低热电堆冷热端的温差，所以在车内外热电堆处均采用了风扇进行强制对流，以增加冷量的传递和提高制冷效率。

2. 余热制冷空调系统

目前利用余热的空调制冷技术主要有氢化物制冷空调、固体吸附式制冷空调及吸收式制冷空调，其工作原理、特点、系统组成不尽相同。氢化物空调是指利用金属氢化物作为介质，通过在不同温度下金属氢化物释放或吸收氢气的特点而实现制冷。固体吸附式制冷是利用某些固体物质在一定温度、压力下能吸附某种气体或水蒸气，在另一种温度、压力下又能把它释放出来的特性，通过吸附与解

吸过程导致压力变化,从而起到压缩机的作用。吸收式制冷也是以热能为动力,利用由两种沸点不同的物质组成溶液具有的气液不平衡特性来完成制冷循环。溴化锂-水和氨-水吸收式制冷是最常见的吸收式制冷。

图 7-7 所示为同济大学利用燃料电池汽车废热的吸收式制冷空调系统设计的系统流程图。如图中所示,燃料电池热管理系统的主换热器直接通入吸收式制冷的发生器中,避免了二次换热的能量损失;同时换热器上部接一个带有变频水泵的旁通支路,当燃料电池的热量多于吸收式制冷所需的热量时,通过旁通支路从辅助换热器排出,从而确保燃料电池在允许的温度范围内工作。为简化设备,吸收式制冷的冷凝器、吸收器和燃料电池的辅助换热器共用一套冷却系统通至车外的风冷式换热器中。

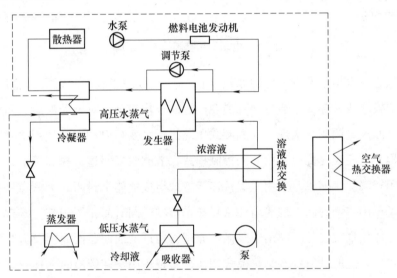

图 7-7 燃料电池汽车吸收式制冷空调流程图

余热制冷技术在燃料电池电动汽车上的应用尚不太成熟,有待进一步研究。

3. 电动压缩空调系统

传统空调与电动空调的主要区别在于它们拥有不同的心脏——压缩机。一般空调压缩机采用开启式活塞压缩机,效率低,噪声大,且无法制热,存在制冷剂泄漏等问题。而车用空调不能采用高效的全封闭涡旋压缩机等先进技术,其原因就在于没有三相交流驱动电源,而电动汽车上的动力电池恰恰可以解决这一问题。新型电动变频空调系统应用高效全封闭涡旋压缩机等先进技术，改变了车用空调的机械驱动活塞式压缩机模式，推动了车用空调整车技术的提升。新型电动变频空调的工作原理如图 7-8 所示。

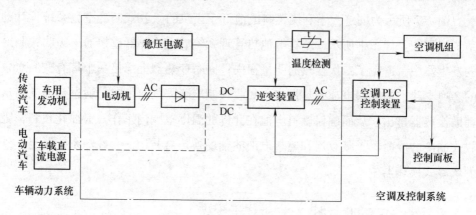

图 7-8　电动变频空调的工作原理

其核心技术是空调变频电源系统，包括高电压自整流发动机及其稳压模块、逆变电源模块两大部分。通过交直逆变电源的模块控制，对电动涡旋式压缩机进行电压空间矢量调制，实现电动涡旋式压缩机无级变频启动、基频制冷和降频保持等过程，彻底改变传统车用空调控制模式，节能效果明显，提高了舒适性。应用全封闭式涡旋压缩机，采用全焊接连接方式组成整体全封闭式无漏点系统，彻底解决了车用空调的制冷剂泄漏和密封技术难题，同时简化了安装，实现了空调系统的一体化集成设计。应用热泵循环原理，通过增加四通换向阀及调整相应的控制方式，方便地进行制冷制热模式切换，实现车用空调的冷暖一体化。采用两台涡旋式压缩机、两套冷凝器和蒸发器构成两个独立系统，可以同时启动也可以单独启动，实现了空调效果与节能的有效结合。

问题 81　什么是电液复合制动系统？

电液复合制动是指新能源汽车在制动过程中，机械式液压制动力施加于车轮的同时，使驱动电机工作在再生发电制动状态时也对车轮施加再生制动力。从而在完成车辆有效制动的同时，回收制动能量并储存在储能设备中以供再次利用。

电液复合制动系统由电机与液压两部分组成，构成电液复合制动结构，根据制动液压调节方式的不同，电液复合制动系统可分为液压比例固定式与液压可控式电液复合制动系统。

从结构上看，复合制动系统与传统液压制动系统的区别主要有三大方面：

① 具备制动力可控的液压制动系统结构为了实现在一定制动强度下的能量回收，需要施加电回馈制动力。若要同时保持整车制动强度不变，则需要相应降低液压制动力。复合制动系统中对制动液压的控制基本分成两种形式：一是液压阀直接控制管路压力（阀控），如图 7-9 所示；二是通过控制主缸推力进行制动液压控制（缸控），如图 7-10 所示。目前大部分复合制动系统采用的是液压阀直接控制管路压力。

采用电磁液压阀控制管路压力时，液压源可以来自于制动主缸或者单独设立的泵站。

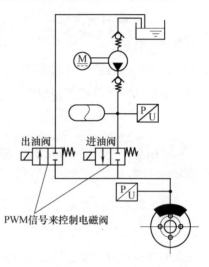

图 7-9　阀控的液压制动力控制系统

图 7-9 中所示的系统采用电机、液压泵、蓄能器构成了独立的泵站，通往每个车轮的制动管路压力由电磁阀控制。图 7-10 中所示的系统是通过控制主缸推力来控制制动压力。通过在真空助力器和制动主缸之间加装一个液压执行机构，此机构同时作用在主缸推杆和制动踏板推杆上，由三位三通电磁阀控制液压机构的工作压力。此工作压力一方面完成主缸的工作，另一方面提供制动踏板力反馈。

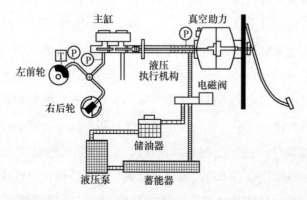

图 7-10　缸控的液压制动力控制系统

②能够检测制动指令并解释制动意图，复合制动系统需要根据驾驶人的制动意图对液压制动力和电回馈制动力分别进行控制，在满足制动意图的同时实现制动能量的回收。因此复合制动系统必须增加制动意图的感知设备，一般是采用制动踏板位移传感器来检测制动意图。

③复合制动系统控制器是复合制动系统的控制部件，制动踏板位移检测、制动意图解释、液压阀控制和制动力分配都由它完成。另外复合制动控制器从整车控制器获取制动力分配策略执行过程中所需要的车辆状态信息，并将电回馈制动力矩指令发送给整车控制器。

问题 82　如何保证新能源汽车整车的结构安全？

要使新能源汽车整车的结构安全有保障，在汽车车身概念设计阶段，首先要实现对车身分析模型的快速构造和对结构尺寸的编辑修改，其次是快速实现多个方案的性能比较和结构优化设计。以并行工程为主要模式的现代车身设计方法要求设计与分析并行，车身结构分析贯穿于整个设计过程，优化的思想在概念设计开始的阶段就被引入，以寻找最优的方案，并将其贯穿于整个设计阶段。

为了实现车身的最优化设计，实现车身的轻量化和降低成本，需要对车身进行优化设计。在车身的概念设计阶段，对车身的结构性能进行优化可保证后续的设计参数更加合理可靠。对单一目标优化可能会对其他结构性能产生不利的影响，因此需要进行以多个结构性能指标同时作为优化目标的多目标优化。

车身结构概念设计系统，简称 VCD-ICAE，基于汽车行业常用的软件 UG/NX 平台进行二次开发，以 CAE 技术为核心，融合了参数化设计、模板技术和优化方法等先进的设计分析技术，可快速建立参数化概念车身的几何模型，生成有限元网格模型和边界约束载荷，通过调用外部求解器 NX/Nastran 进行刚度和模态计算，生成后处理视图和产品设计报告，还可对概念车身的梁和板组合结构进行灵敏度分析及参数优化、形状优化，指导和帮助用户得到满意的设计方案，最终实现"分析驱动设计"这一新的概念设计理念。该系统包括概念车身的几何建模模块、有限元建模模块、求解与后处理模块、车身结构优化模块。该系统的多目标优化模块可对白车身有限元概念模型的结构刚度和低阶模态多个目标同时进行灵敏度和优化分析，得到最优设计方案，从而为用户提供更加满意的改进建议。

多目标优化模块基于 NX 系统采用开放的二次开发语言 NX/Open API，通过 NX/Styler 界面工具建立了向导型界面，通过 NX Spreadsheet 功能实现了优化参数的存取和更新，系统无缝集成了 NX Nastran 作为概念模型分析的求解器，采用 NX OPT 模块作为优化器进行优化迭代。多目标优化模块流程如图 7-11 所示，具体步骤为：

① 优化参数设置：设定优化最大迭代次数及收敛条件参数等。

② 优化类型选择：选择刚度多目标优化、模态多目标优化或刚度和模态综合多目标优化，并设定优化目标方式，即求解优化目标最大还是最小。

③ 约束条件定义：多目标优化模块中 3 种优化类型均以白车身概念模型的车身质量为约束，在质量不增加的约束条件下进行优化分析。

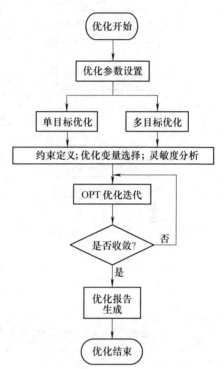

图 7-11　多目标优化模块流程图

④ 优化变量选择：多目标优化模块支持以车身板件厚度和梁截面形状为优化变量进行优化分析。

⑤ 灵敏度分析：对选取的所有优化变量进行灵敏度分析，输出结果，从而确定对优化目标贡献较大的变量。

⑥ 优化迭代实现：根据灵敏度分析结果，选取对优化目标贡献较大的变量进行优化迭代分析，直至满足收敛条件。

针对上述步骤，对新能源汽车的车梁结构刚度和模态进行多工况分析，对相应结构参数、形状参数和材料特性进行多目标优化，保证车体结构安全正向设计最优实现，降低制造成本，提高车身安全性。具体技术路线如图 7-12 所示。

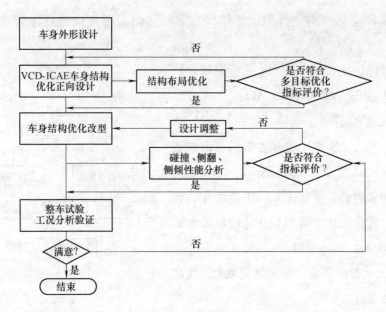

图 7-12　整车结构安全技术路线

问题 83　高压系统的布置要求是什么？

由纯电动汽车的实际结构以及高压回路特性可知，纯电动汽车高压系统需要在保证整车动力传动的同时，实时监测高压电状态。要求高压系统能在发生故障时、通过高压接触器及时切断高压回路，保证整车系统和乘客的安全，同时要求在驻车充电或者驻车维修时，能切断所有可能的高压危险因素。系统零部件和电气系统的布置要求易于实现高压电安全监控功能，安全性好，可靠度高，还需要考虑高压部件的隔离以及动力电池的电磁干扰问题。下面具体列出了 7 项纯电动汽车高压系统布置要求：

① 供电的所有动力电池做到分组串联，且每组电压小于 96V，并配熔断器，可在发生意外短路时断开电池组之间的连接。

② 将一个含有多个动力电池包、两个高压直流接触器以及熔断器各自集成在绝缘封闭壳体内，这样就可以将高电压的带电部件与外部环境隔绝，同时相互之间的电磁干扰也得到了较好的屏蔽。

③ 设计的高压电安全监控系统也安装在一个绝缘封闭壳体内，而且布置位

置需要尽量靠近电池包，以便在发生高压故障时可及时切断高压回路。

④ 高压电安全监控系统包含有高压回路预充电电路，目的是防止高压系统容性负载产生的瞬态冲击，在系统断电后，保证预充电继电器能够完全断开。

⑤ 高压电安全监控系统通过控制高压接触器通断，可以确保电动汽车高压回路的安全性，且在系统断电后，两个高压接触器能够完全断开。

⑥ 在高压回路中布置高压环路互锁电路，以确保电池组外的所有高压电路的连续性。

⑦ 设置手动切断高压回路装置，用于维修或者紧急情况下手动切断高压回路。

问题84　高压安全防护措施有哪些？

电动汽车的高压防护措施包括：漏电保护器、高压互锁、绝缘电阻检测等。

电动汽车采用漏电保护器是必要的。一旦有正母线或负母线与车身相连，保护器就报警，这就避免了电机壳体翻电成为高压正极，站在车上的人触摸负极造成电击伤。这样的设计也可避免空调系统高压、DC/DC系统高压的泄漏。

逆变器密封在高压盒中，非工作人员不能拆开，但也会有工作人员疏忽和非工作人员强行拆开的情况。为防止电击伤，在逆变器盒盖上设计有高压互锁开关。只要逆变器盒体打开，有开关动作，控制器就收到信号断开系统的主继电器，可以避免意外电击出现。

较高的供电电压对整车的电气安全提出了更高的要求，尤其是对高压系统的绝缘性能提出了更为苛刻的要求。绝缘电阻是表征电动汽车电气安全好坏的重要参数，相关电动汽车安全标准均作了明确规定，目的是消除高压电对车辆和驾乘人员人身的潜在威胁，保证电动汽车电气系统的安全。

问题85　整车功能安全技术是什么？

新能源汽车整车功能安全技术，即参照汽车功能安全标准ISO26262，按照

图 7-13 所示的整车功能安全技术开发流程，基于新能源汽车整车系统架构，分析可能存在的功能安全风险并评估风险等级，给出功能安全的判据，提出系统软硬件设计方法。通过整车控制系统各部件运行状态监控、控制功能监控，保证新能源汽车控制系统安全运行；进行控制系统故障诊断技术研究，建立整车控制的故障树，开发诊断通信协议，研究诊断服务请求和诊断应用技术；针对新能源汽车数字化网络技术的应用，开展高安全通信技术研究，包括冗余通信技术、失效安全容错控制技术等。同时，进行新能源汽车跛行回家功能研究，保障车辆控制系统失效安全性能。

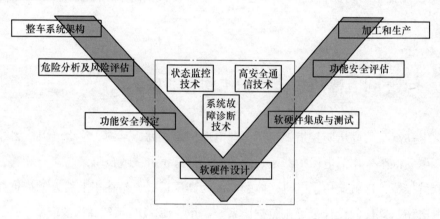

图 7-13　整车功能安全技术开发流程

问题 86　电动汽车涉及哪些电磁兼容问题？

电磁兼容（Electro Magnetic Compatibility，EMC）是指电气及电子设备在共同的电磁环境中能执行各自功能的共存状态，即要求在同一电磁环境中的相关设备都能正常工作又互不干扰，达到兼容状态。

据统计，近年来，有关汽车的技术创新 70% 都来源于汽车电子；在国内外生产的部分轿车中，汽车电子设备价值超过了整车价值的 30%。车载的任何电子电气设备在运行时都会向周围发射电磁能量，可能对其他设备的正常工作产生干扰，同时设备本身也可能受到周围电磁环境的干扰。

随着汽车电气设备数量、种类和密度的不断增加，工作频率的不断提高，汽车内的电磁环境更加恶劣,各电子设备相互间的电磁干扰越加严重,导致了诸多汽车电磁干扰问题。例如,各种信号指示灯的误动作,刮水器、安全气囊的误开启,ABS 制动效能降低等。这些电磁干扰问题产生的原因主要来自汽车的内部,如点火系统、电子燃油喷射系统、各种电机、一些集成芯片的控制器、通信系统等高频工作的设备和大量开关性元器件。它们产生的电磁波通过传导与辐射,对诸如各种电子模块、信号传输线等易受影响的设备造成干扰。虽然车内的干扰源功率不一定大,但因为距离被干扰对象非常近,所以对车内电子系统的干扰是很强的。

驱动电机是感性负载,除了在其工作中产生交变电磁辐射外,在断开时还会对车内电源产生强烈的反向过电压传导干扰。这种瞬变脉冲不但具有浪涌性质,而且具有丰富的谐波,可能引起电子控制系统的逻辑错误,甚至导致部分敏感器件的损坏。车内分布有各种开关性元器件,如开关、继电器。这些元器件的触点在通断的瞬间,都会产生程度不同的火花放电现象。这种触点间放电能量虽然比火花塞电极放电能量小得多,但其放电瞬间的能量密度通常可达到造成危害的程度。

同时,纯电动汽车以及相关部件除了要承受自身产生的电磁干扰外,还要承受外界对它的干扰,如雷电、静电、广播、电视、手机信号、附近的高压输电线路,以及其他各种设备产生的干扰等。目前的资料显示,现在恶劣的电磁环境使得环境中的干扰可以轻易高达(100±50)V/m。而人体同车辆、车身同空气以及轮胎同路面的接触中产生的静电,也可能形成静电干扰源,产生静电放电干扰。在静电放电过程中,放电电流形成传导干扰,放电火花则形成辐射干扰。因为其放电时间很短(1~2ns),所以瞬间的电流可以达到 10A 甚至更高。这种静电放电产生的电流脉冲足以导致任何敏感性差的电子设备工作异常甚至是损坏。此外,静电放电产生的电磁场也能够通过辐射的方式影响周围电子设备,从而导致这些系统工作异常。

问题 87 电动汽车的干扰源有哪些?

目前电动汽车的干扰源主要有自然干扰源、人为干扰源和车载干扰源三种。自然干扰源是指由自然现象引起的电磁干扰,比较典型的自然界电磁现象产生的电磁噪声有大气噪声、太阳噪声、宇宙噪声以及静电放电等。大多数情况下，自然干扰源对汽车的干扰影响可以忽略，然而闪电和静电放电可能会产生很大的瞬变场强。汽车上的直接电击很少，但是闪电引起的场强很大，在200m处是100kV/m，在175km处是4V/m。乘客和座椅之间的摩擦以及汽车车身在行驶过程中与空气的摩擦都会积累形成静电，高压静电在放电时会影响电子设备的工作，甚至造成永久性破坏。

人为干扰源是指由汽车外部人工装置产生的电磁干扰，这主要有其他车辆的辐射干扰，车外的雷达、无线电台发射机、移动通信设备等发射的电磁波干扰，以及高压输电线的电晕放电等。

车载干扰主要是指车上各种电子电气系统产生的电磁干扰。车载干扰源主要有驱动系统、动力电池、功率变换器、继电器、电动辅助系统、开关、通信设备以及微处理器等电子设备。这些电子设备电路中出现的各种瞬变电压，或者电路开断瞬间触点之间产生的电火花和电弧等，都可能影响车上敏感设备的正常工作。电压和电流的快速暂态会产生辐射和噪声，距离这些设备较近的电子设备有可能产生故障，特别是电机驱动模块的快速整流、电机起动、高压辐射更会引起较高场强的传导及辐射骚扰。

随着汽车电气技术的发展，电机在汽车上的应用越来越广泛，功率从几瓦到几十千瓦都有。电机电磁干扰主要是指绕组中突变磁场和换向器与电刷之间产生的火花放电两方面。这些干扰的电磁波频率约为10Hz~1000MHz，频带很宽，场强为垂直极化和水平极化两种，场强与频率基本是正态分布。电机的干扰脉冲峰值与电机的结构、工作负载、绕组绝缘老化、换向器与电刷的间隙及磨损等诸多因素有关。

现代汽车电气系统内存在大量的感性负载，如各种电磁阀、继电器等。其线圈在开路瞬间，都会成为一种宽频谱、高能量的瞬变干扰源。

问题88　电动汽车中抑制电磁干扰的技术措施有哪些？

通常抑制电磁干扰的主要措施有屏蔽、滤波和接地。

屏蔽是在两个区域之间建立电磁屏障，它是保护系统中的电路不受电磁环境损坏的最直接方法。可采取两种屏蔽方式：一是主动屏蔽，使辐射电磁能限制在特定区域之内；二是被动屏蔽，防止辐射电磁能进入特定区域。屏蔽的形式多种多样，可以是隔板、盒式封闭体，也可以是电缆或插接器式的屏蔽。屏蔽的效能用屏蔽有效度表示，它不仅与屏蔽材料有关，而且与材料的厚度、应用频率、辐射源到屏蔽层的距离以及屏蔽层不连续的形状和数量有关。

屏蔽主要是为了解决辐射干扰，而滤波则主要是解决通过传导途径造成的干扰。完成滤波作用的部件称为滤波器。滤波器主要用于抑制通过电路通路直接进入的干扰，它是应用最普遍的抗干扰方法。根据信号与干扰信号之间的频率差别，可以采用不同性能的滤波器，抑制干扰信号，提高信噪比。

接地就是在两点之间建立导电通路，其中的一点通常是系统的电气元件，而另一点则是参考点。一个接地系统的有效性取决于在多大程度上减小接地系统的电位差和减小接地电流。

问题 89　汽车轻量化的实现途径有哪些？

汽车轻量化可以从三个方面实现：轻量化结构、轻量化工艺和轻量化材料。

轻量化结构又称结构轻量化，可以通过三个途径来实现，即拓扑优化、形状优化和结构尺寸优化。拓扑优化是在结构设计的概念设计阶段引入的结构优化形式。形状优化和尺寸优化都是在结构布局已经决定的情况下进行。

拓扑优化方法是在一个给定的空间区域内，依据已知的外部载荷及支承等约束条件，寻找承受单载荷或多载荷的物体的最佳结构材料分配方案，从而使结构的刚度达到最大或使输出位移、应力等达到规定要求的一种结构设计方法。它是有限元分析和优化方法有机结合的新方法，如图 7-14 所示。拓扑优化设计自由度大，通常用于车身设计初期和概念设计阶段。

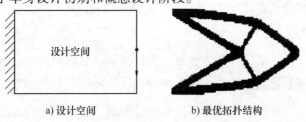

a) 设计空间　　　　　b) 最优拓扑结构

图 7-14　拓扑优化设计原理

形状优化是指在结构的类型、材料、布局已定的前提下，对结构的几何形状进行优化，例如对布局已定的桁架的节点位置进行优化，对连续体的边界形状进行优化，对实体结构内部开孔的尺寸、形状进行优化等，如图 7-15 所示。

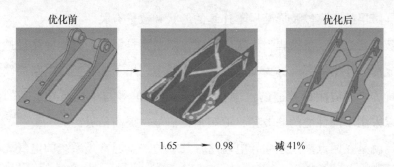

图 7-15　减振器上支架优化

尺寸优化是指在给定结构的类型、材料、布局和外形几何的前提下，优化各个组成构件的截面尺寸，使重量最轻。尺寸优化是最早发展起来、最容易实现的优化技术，目前比较成熟，很多商业有限元软件都有该模块，使用起来比较方便，可进行静力学及动力学问题优化。

轻量化工艺指的是以整车轻量化设计为基础，在综合考虑所采用轻量化材料的特性和产品控制成本要求的前提下而采用的制造技术。目前广泛使用的主要有激光拼焊技术、液压成形技术、高强度钢热成形技术、高强度钢辊压成形技术和电磁成形等先进的成形技术及连接技术、表面处理技术和切削技术等。

此外，轻质材料的应用也成为减重节能的重要手段。

问题 90　汽车轻量化应用的新材料主要有哪些？

实施汽车轻量化的主要材料有高强度钢、铝合金、镁合金、钛合金、碳纤维、复合材料等。

汽车用钢按照其刚度可分为软钢、高强度钢、超高强度钢。高强度钢是在普通碳素钢的基础上加入少量合金元素制成的。这种钢的生产成本与普通碳素钢相近，但由于合金元素的强化作用，使其抗拉强度比普通钢高得多。

铝是钢在车身应用方面的主要竞争者。铝合金与钢相比，最大的优点是其挤压成形性能较好，采用铝合金车身板件替代钢车身板件时将减轻重量约50%。目前，许多汽车制造厂通过开发铝密集概念车，证明了铝合金在汽车轻量化方面的应用潜力。

镁是比铝更轻的金属材料，密度只有铝的2/3，铁的2/9。镁合金可分为铸造镁合金和变形镁合金。汽车用的镁合金材料以铸造镁合金为主，占汽车用镁量的90%以上。但与铝合金相比，镁合金的耐腐蚀性差，研究还很不充分，应用也很有限。尽管镁合金在当前汽车用材中所占的比例不到1%，但是在轻量化的驱动下，镁合金的应用受到世界各大汽车生产企业的重视。以美国为例，在一些车型上镁合金用量为每辆5.8~26.3kg。欧洲的镁合金用量仅次于北美，部分车型上的镁合金用量可达每辆9.3~20.3kg。

钛合金的主要优点是密度低、高强度密度比以及优异的耐蚀性，另外即使在温度升高至500℃时仍能保持很高的强度。与汽车用钢、铝合金以及镁合金相比，钛合金的缺点是成本较高。钛合金在汽车轻量化的应用上很有潜力。

碳纤维是一种纤维状复合材料，含碳量超过90%，具有碳材料的固有特性，又兼具纺织纤维的柔软可加工性，是新一代增强纤维。它的强度比钢大，密度比钛小，具有极好的电学、热学和力学性能。碳纤维增强复合材料有足够的强度和刚度，是制造汽车车身和底盘等主要结构件的最轻材料。预计碳纤维复合材料的应用可使汽车车身、底盘减轻重量40%~60%。

复合材料是指将两种或两种以上化学性质和物理性质不同的物质结合起来而得到的一种多相固体材料。世界各主要汽车生产国家最初只将复合材料用于发动机舱盖、顶盖等大型覆盖件，近年来在车身上应用的复合材料越来越多。在车身上使用最多的复合材料是玻璃纤维增强材料（GFRP，俗称玻璃钢）和碳纤维增强材料（CFRP）。宝马公司2011年发布的全新开发的纯电动乘用车i3采用GFRP车身结构，使得整车质量仅1250kg，比传统纯电动汽车减轻了250~350kg，同时实现了最高级别的碰撞安全保护，如图7-16所示。

图7-16　宝马纯电动乘用车i3碳纤维车身结构

问题 91　如何进行动力电池的试验评价？

动力电池组由单体电池以串联、并联和同时采用串联和并联的混联方式等构成，电池组的总功率构成电池组的每一个电池模块输出功率的总和。单体电池、模块和电池组的性能有显著差异，因此对动力电池的试验评价涉及单体电池和电池组的具体项目。

电池的试验评价关注的内容包括一致性、倍率、能量和寿命的衰减等方面，还有比较重要的就是安全性。

国家发展与改革委员会在 2006 年颁布了 QC/T 742—2006《电动汽车用铅酸动力电池》、QC/T 743—2006《电动汽车用锂离子动力电池》和 QC/T 744—2006《电动汽车用金属氢化物镍动力电池》。在三项行业标准中规定了电动汽车用动力电池的要求、试验方法、检验规则、标志、运输和储存等。在三项行业标准中对单体动力电池和动力电池模块的试验分别进行了规定，并区分能量型动力电池和功率型动力电池的差别，尤其强调了对电池安全性的测试要求。安全性测试的内容包括过放电试验、过充电试验、短路试验、跌落试验、加热试验、挤压试验和针刺试验等。

国内对锂离子电池的测试主要是针对单体和模块的测试。锂离子电池的测试试验依据是 QC/T 74—2006《电动汽车用锂离子动力电池》。它是目前国内新能源与节能汽车准入的参考标准，试验项目一共包括 32 项测试。

关于动力电池试验方法，可参考《FreedomCAR 电池试验手册》和《USABC 电动汽车电池试验手册》，其作者主要是来自美国国家实验室、三大汽车公司的著名电池专家。手册中有关电池试验内容的设计思路、具体方法、工作流程都值得借鉴。

USABC 电池试验手册中一些重要试验内容包括恒流放电试验、峰值功率试验、恒功率放电试验、变功率放电试验、特殊性能试验（包括部分放电、自放电、持续爬坡、温度特性、振动、充电优化试验等）。

FreedomCAR 电池试验手册中的试验分为三大类：特性试验、寿命试验和性能鉴定试验。特性试验测试电池的基本性能包括：静态容量、脉冲功率特性、自放电、冷起动、热性能和功率试验；寿命试验测试在不同温度、容量和其他载荷条件下电池性能随时间的变化，包括循环寿命试验和时间寿命试验；性能鉴定试验测试在寿命试验的开始、结束和不同阶段电池基本性能的变化。

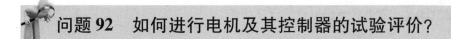

问题 92　如何进行电机及其控制器的试验评价？

作为电动汽车核心部件，电机驱动系统的认证测试是检验设计是否达到设计需求的客观验证手段，测试标准决定了产品设计水平。电机的测试可以分为转速与转矩测试、电机噪声测试、耐久性等。

目前我国关于电动汽车电机及其控制器执行的是 GB/T 18488.1—2015《电动汽车用驱动电机系统　第1部分：技术条件》和 GB/T 18488.2—2015《电动汽车用驱动电机系统　第2部分：试验方法》。此外还有一些辅助标准也在陆续制定中，如《电动汽车用驱动电机系统可靠性试验方法》《电动汽车用驱动电机系统故障分类与判断》《电动汽车用驱动电机系统接口》等。标准的制定与执行几乎是与电动汽车发展同步的，这有利于我国电动汽车电机驱动技术的发展。

标准对电机与控制器的一般性试验进行了描述，给出了相应的测试方法和相关设备信息。主要包括电机定子绕组在冷态下直流电阻、电机绕组对机壳以及绕组相互间绝缘电阻、最高工作转速、超速试验、耐电压试验、噪声、振动、密封状态、控制器过载能力、控制器壳体机械强度、电机控制器保护系统、接触电流等多个测试项目。有些测试项目是电动汽车电机驱动系统相比于工业电机驱动系统所不同的，甚至是独有的。此外，标准对于电机与控制器的测试项目还进一步提出了要求。环境试验、温升试验是为了满足电动汽车工作条件而进一步强化的。

电机转矩特性和效率特性是所有电机都需要进行的测试。也是最重要的参数测试。对于电动汽车电机驱动来说，堵转是电机驱动经常工作的状况。例如，车辆起步和爬坡时，经常要求电机驱动系统能够短时提供较大的堵转力矩以获得较好的起步和爬坡能力。然而标准仅对电机本体堵转进行了规定和测试方法描述，对于堵转过程中电机控制器的要求没有提及，堵转时间及保护也没有进一步明确，一般需要设计人员根据需要设计。

再生能量回馈试验是电动汽车电机驱动所特有的。标准对此进行了较为详细的描述，提出了三种测试方法：整车上测试、惯性轮装置测试和直接用发电试验。就可行性来看，第三种方法比较常用。但电动汽车电机再生制动回馈因车型、结构形式、控制策略的不同而经常变化，再生制动工况也千变万化，因此再生制动能量试验一般也只能提供整车设计参考。

问题 93　如何进行整车的试验评价？

整车试验评估的测试方法包括：道路测试法、底盘测功机测试法、整车模拟法、台架测试法等。

① **道路测试法**是基于整车的测试方法，通过在实际道路进行实车测试来评价混合动力汽车性能的优劣。道路测试分为安全性测试、噪声测试、动力性测试、能耗和排放测试（车载测试），这些测试均需要在专用试验场按规定试验方法完成。道路测试方法比较简单、直观，试验结果可以很快地评价整车性能，为试验样车的参数标定、控制策略优化以及新样车的开发提供可靠的试验依据，但是受温度和风速等外界环境因素影响较大，道路测试方法的可控性和重复性较差。

② **底盘测功机测试法**也是从整车角度出发的测试方法，它首先通过负荷设定来精确模拟汽车在实际道路的行驶阻力，从而实现其道路行驶阻力在底盘测功机上的再现，这也是底盘测功机试验的关键，将直接影响汽车的动力性和能耗排放等性能的研究。在此基础之上，参考标准试验程序进行汽车性能的测试评价，混合动力汽车在底盘测功机上可以进行排放性、动力性和经济性试验。与道路测试法相比，底盘测功机试验能够控制室内环境等可变因素，可以精确模拟多种典型行驶状况，试验结果重复性好，但试验设备昂贵，成本较高。

③ **整车模拟法**是在台架测试系统的基础之上，利用硬件在环仿真法（HIL）转换测试循环来对汽车整车性能进行评估的方法。图 7-17 所示为 HIL 模拟的示意图。该方法首先把整车速度测试循环转化为发动机转速测试循环，并建立电动机/发电机、发动机、动力电池或超级电容等部分的数字信号处理（DSP）模型。根据各总成部件控制系统的控制信号，DSP 模型模拟出汽车各总成部件的运行状

态。在得出发动机的转速与转矩关系之后，利用发动机的效率 MAP 图来计算 HEV 在测试循环下的燃油经济性，并依据转换的发动机测试循环在台架上进行发动机试验，可测量得出 HEV 在测试循环下的排放特性。整车模拟法是传统台架测试方法的改进，解决了发动机测试工况与整车行驶工况脱离的问题，测量精度较高。缺点是采用 HIL 模拟时缺乏混合动力各总成部件的标准模型，通用性较差。

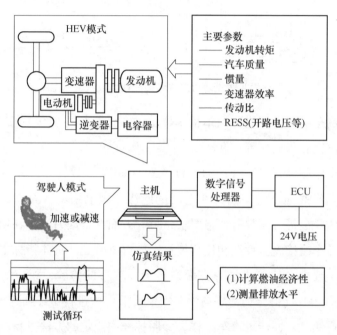

图 7-17　HIL 模拟的示意图

④ **台架测试法**是把发动机、电动机、发电机、动力电池及变速器等总成部件按照混合动力总成布置方案安装在发动机台架上，利用 CAN 总线把台架测试控制系统与整车多能源控制器和各总成部件 ECU 连接起来，实时测量混合动力总成的各项参数，控制动力总成的运行状态，并借助油耗仪、排放分析仪及电功率计等相关测试设备完成动力性、燃油经济性、排放及噪声等整车性能测试试验。图 7-18 所示为并联式动力总成台架能耗排放试验示意图。台架试验受外界自然环境的限制较少，并可以使各零部件的布置不受整车总布置的限制。此外，台架测试还可以利用不同总成部件的模块化设计进行高效率的安装和调试，不仅减少了开发成本，而且大大缩短了混合动力总成的研发周期。

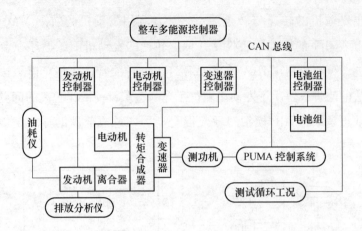

图 7-18 并联式动力总成台架能耗排放试验示意图

与传统汽车类似,新能源汽车整车评价的测试指标主要包括安全性、噪声、动力性、经济性和排放性等。

对于安全性测试,以混合动力电动汽车(HEV)为例:一方面由于混合动力电动汽车具有高压电源,因此在电池的绝缘、爬电距离、隔离通风、断路保护、有害物质释放等方面都有严格要求;另一方面混合动力汽车在增加电力驱动系统后,其整车碰撞安全性能相比传统汽车应有所改变。具体指标主要从汽车结构和功能安全要求及故障维护等方面进行不同项目的检验,相应的评价指标在 GB/T 19751—2005《混合动力电动汽车安全要求》中进行了详细的规定。

对于噪声测试,同传统汽车一样,参照标准中规定的方法进行测试,主要包括加速噪声、车内噪声、汽车定置噪声、匀速行驶噪声、轮胎噪声及发动机噪声等。车辆各种噪声是否达标,相应标准中都有限值要求。

对于动力测试,参照 GB/T 19752—2005《混合动力电动汽车动力性能试验方法》进行测试。测试指标包括:混合动力模式下的最高车速、0~100km/h 或 0~50km/h 的加速时间、30min 的最高车速、爬坡车速、坡道起步能力、最大爬坡度;纯电动模式下的最高车速、0~50km/h 的加速时间、爬坡车速和坡道起步能力。

对于能量消耗量测试,主要包括燃油消耗和电能消耗的测试,在测试中获得的动力电池的电能消耗量要转化成相应的油耗量,混合动力汽车油耗测试与常规汽车的差别较大。混合动力汽车的油耗与其主电池的充放电情况呈现很强的相关性，若某次试验的充放电净值为充电，且充电量大，则该车试验的油耗相对较高，反之则较小。因此，必须通过充放电净值来修正油耗，这样得到的修正后的油耗值，更接近真实值的油耗值。我国标准 GB/T 19753—2013《轻型混合动力电动汽车能量消耗量试验方法》中对此有具体规定，该标准的主要吸收了欧洲 ECE 法规的测试方法，并补充了一致性方面的要求。

另外，对于插电式混合动力汽车（PHEV），由于它具有电能消耗比例大、运行模式多的特点，使得针对它的性能评价试验方法比较难以制订。汽车的能耗水平是以燃油消耗指标来体现和评价的。HEV 同时消耗电能和燃油两种类型的能源，因此进行能耗指标评价时通常需要统一到等效的燃油消耗指标。传统 HEV 虽然运行过程中也会有电能量消耗，但所占比例一般较小，同时由于没有外接充电的功能，消耗电池电能的最终来源还是发动机燃油消耗，电池 SOC 在一个较小的范围内波动。在相同的试验循环下，电能消耗和燃油消耗之间存在线性关系，因此比较容易利用这种线性关系得到准确的、等效的燃油消耗评价结果。对于 PHEV，由于电能量消耗比例大，电池 SOC 变化的范围很大，电能消耗与燃油消耗之间难以明确可靠的线性关系，并且 PHEV 电池的能量储备大部分来自于外部电网，而非发动机的燃油消耗，因此 PHEV 电能消耗向燃油消耗的转化也缺乏合理的依据。另外，由于 PHEV 具备多种可能的运行模式，评价时选取何种模式或模式组合来进行试验才能最客观反映车辆的实际能耗水平，也是比较难解决的问题。

对于排放测试，主要指的是对常规污染物（CO、CO_2、NO_x、PM）的测量。目前，对于 HEV 的尾气污染物排放限值没有明确规定。轻型混合动力汽车参照了传统轻型汽车的排放限值，而重型混合动力汽车的排放标准还没有出台。

第 8 章

电动汽车与智能电网

电动汽车的应用可有效地解决能源和环境两大难题,随着电动汽车的发展,必须研究与电动汽车相适应的电能供给方式。电动汽车与电网互动技术(V2G)是融合了电力电子技术、通信技术、调度和计量技术、需求侧管理等的高端综合应用,V2G 的实现将使电网技术向更加智能化的方向发展,也将使电动汽车技术的发展获得新突破。

问题 94　电动汽车电能供给方式有哪些?

目前,电动汽车电能供给方式主要分为整车充电和电池更换两种方式。

① 整车充电是指采用交流充电桩、车载充电机、非车载充电机等充电设备直接对电动汽车车载动力电池进行充电。

② 电池更换是指用充满电的动力电池组更换车上需要充电的动力电池组,实现电动汽车能源的快速补给。

整车充电方式与电池更换方式的优缺点见表 8-1。

表 8-1　整车充电方式与电池更换方式的优缺点

对比	整车充电方式	电池更换方式
优势	设施相对简单 充电接口国家标准已出台,标准化程度较高	提高了车辆的使用效率,方便用户的使用 更换下来的动力电池可以在低谷时段进行充电,降低了充电成本,提高了车辆运行的经济性 解决了充电时间长、续驶里程短等难题 便于电池组的维护、管理,提高了电池的使用寿命 有利于废旧电池的回收和再利用
劣势	交流慢充充电时间长,用户使用便利性低 直流快充对电池寿命影响大 用户随即充电情况下对电网的负荷冲击大,降低电网运行效率和安全性	需配置备用动力电池及专业电池更换设备,设施造价较充电设施高 不同车型电池的标准化存在一定难度

问题 95　电动汽车整车充电技术是怎样的?

对于整车充电方式,根据充电时间的长短可分为交流慢充和直流快充两种。

根据充电装置和汽车接受装置的不同连接形式，可分为传导式充电和感应式充电两种。

1. 交流慢充和直流快充

交流慢充是指采用小电流（通常在 $0.1C\sim0.3C$）在较长的时间内对动力电池进行慢速充电，这种充电又称为普通充电。常规动力电池均采用小电流的恒压恒流三段式充电，一般充电时间长达 $5\sim10h$。

交流慢充的优点：充电装置和安装成本较低；可充分利用电力低谷时段进行充电，降低充电成本，保证充电时段电压相对稳定。

交流慢充的缺点：充电时间过长，难以满足车辆紧急运行的需求。

直流快充又称为应急充电，是指以较大的电流（一般用 $1C\sim5C$）在 $12\min\sim1h$ 的短时间内，为电动汽车进行充电的一种方式。

直流快充的优点：充电时间短，便利性好。

直流快充的缺点：充电效率较低，充电装置安装成本和工作成本较高；充电电流大，对充电的技术和方法要求高，对电池的寿命有极大影响；充电电流大会显著降低电池寿命，并存在安全隐患。

表 8-2 所示为交流慢充和直流快充两种充电技术的比较。

表 8-2　交流慢充和直流快充对比表

充电技术	交流慢充技术	直流快充技术
充电设施	充电桩	充电站
服务类型	小范围分散式服务	大范围集中式服务
适宜建设场所	停车场、住宅区	交通流密集区、高速公路沿线
充电功率	$3.3\sim7kW$	$20\sim150kW$
充电时间	$5\sim10h$	$10\min\sim1h$
目标用户	乘用车	公交车、乘用车
建设成本	较低，单个充电桩约 3000～10 000 元，土地需求小	较高，单个充电站成本约 300 万～500 万元（不含地价）
充电及运行成本	较低，住宅区可实现谷电充电，管理和维护难度大	较高，难以利用谷电充电，较利于管理维护

2. 传导式充电和感应式充电

传导式充电即接触式充电，采用插头与插座的金属接触来导电，具有技术成熟、工艺简单和成本低廉的优点。这种方式的缺点是：导体裸露在外面不安全，而且会因多次插拔操作引起机械磨损，导致接触松动，不能有效传输电能。电动汽车的传导式充电如图 8-1 所示。

对于传导式充电，目前国内常采用的充电电源主要有以下几种：相控电源、线性电源和开关电源。

感应式充电即非接触式充电，充电装置和汽车接受装置之间不采用直接电接触的方式，而是由分离的高频变压器

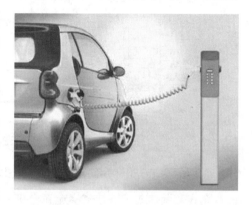

图 8-1　电动汽车的传导式充电

组合而成，通过感应涡合，无接触式地传输能量。感应式充电的最大优点是安全，这是因为充电器与电动车之间并无直接的点接触，使得即使电动汽车在恶劣的气候下，如雨雪天，进行充电也无触电的危险。

非接触充电装置的类型主要分为三种：电磁感应方式、磁共振方式和微波方式。

问题 96　电动汽车充电设备及关键技术有哪些？

电动汽车充电设备主要包括交流充电桩、充电机等，其功能类似于加油站中的加油机。

1. 交流充电桩

交流充电桩是指固定安装在电动汽车外，与交流电网连接，采用传导方式为具有车载充电机的电动汽车提供交流电源的装置，一般由桩体、充电插座、保护控制装置、计量装置、读卡装置、人机交互界面等组成，功率一般不大于 7kW。其工作原理如图 8-2 所示。

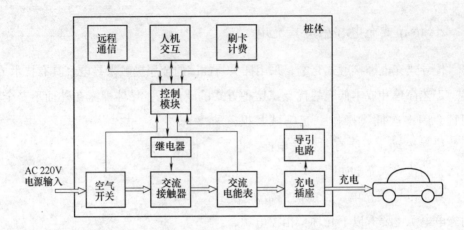

图 8-2 交流充电桩的工作原理

常用的交流充电桩可分为一桩一充式、一桩双充式及壁挂式。壁挂式交流充电桩适用于地面空间狭小、周边有墙壁等固定建筑物的场所。每个交流充电桩都装有充电插座,目前大部分交流充电桩都采用 GB/T 20234.2—2015《电动汽车传导充电用连接装置 第 2 部分:交流充电接口》中规定的七孔插座,供电接口触头布置如图 8-3 所示,触头参数及功能定义见表 8-3。

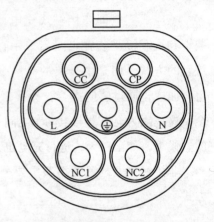

图 8-3 供电接口触头布置

表 8-3 触头电气参数值及功能定义

触头编号/标识	额定电压和额定电流	功能定义
1/L	250V/440V 和 16A/32A	交流电源
2/NC1	—	备用触头
3/NC2	—	备用触头
4/N	250V/440V 和 16A/32A	中性线
5/接地	—	保护接地(PE),连接供电设备地线和车辆底盘地线
6/CC	30V 和 2A	充电连接确认
7/CP	30V 和 2A	控制确认

2. 充电机

电动汽车充电机作为供电电源与电动汽车动力电池之间的功率转换器,其功能是将供电电源的能量按照既定的充电模式传递给电动汽车动力电池。其基本工作原理是:三相/单相交流电输入,经过可控或者不可控整流器整流后,通过一系列的滤波环节得到直流电压,再经过隔离型 DC/DC 变换器、二次整流、平滑滤波,最后将直流电能传送给电动汽车的动力电池。反馈控制电路根据电池各项采样参数,产生 DC/DC 变换控制信号。

根据不同的分类标准,电动汽车充电机可以分成多种类型,见表 8-4。

表 8-4 充电机的分类

分类标准	充电机类型	
安装位置	车载充电机	非车载充电机
输入电源	单相充电机	三相充电机
连接方式	传导式充电机	感应式充电机

车载充电机是指安装在电动汽车上的采用地面交流电网和车载电源对电池组进行充电的装置。它将一根带插头的交流动力电缆线直接插到电动汽车的插座中给电动汽车动力电池充电。车载充电机的充电功率一般较小,采用单相供电,充电时间长(一般 5~8h)。由于电动汽车车载质量和体积的限制,车载充电机要求尽可能体积小、质量轻。由于充电机和电池管理系统(BMS,负责监控动力电池的电压、温度和荷电状态)都装在车上,它们相互之间容易利用电动汽车的内部线路网络进行通信。

非车载充电机一般安装于固定的地点,已事先做好输入电源的连接工作,而直流输出端与需要充电的电动汽车相连接。地面充电机可以提供多达上百千瓦的充电功率,可以对电动汽车进行直流快充。

图 8-4 所示为交流充电桩与车辆连接示意图。

通常非车载充电机的功率、体积和质量都比较大。由于非车载充电机与电池管理系统在物理位置上是分开的,它们之间必须通过电线或者无线电进行通信。根据电池管理系统提供的关于电池的类型、电压、温度和荷电状态的信息,非车载充电机选择一种合适的充电方式为动力电池充电,以避免动力电池的过充电和过热。非车载充电机一般采用 GB/T 20234.3—2015《电动汽车传导充电用连接

装置　第 3 部分：直流充电接口》中规定的充电模式 4 及连接方式 C 对电动汽车进行供电。车辆插头触头布置如图 8-5 所示，触头参数及功能定义见表 8-5。

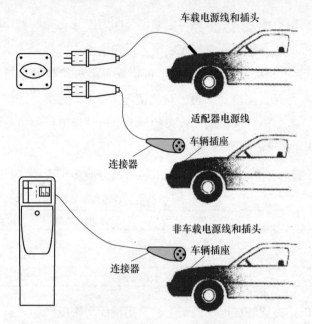

图 8-4　交流充电桩与车辆连接示意图

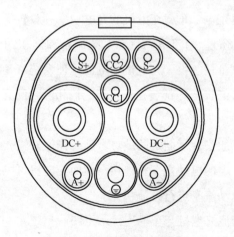

图 8-5　车辆插头触头布置图

表 8-5　触头电气参数及功能定义

触头编号/标识	额定电压和额定电流	功能定义
1/DC +	750V 和 125A/250A	直流电源正，连接直流电源正与电池正极
2/DC −	750V 和 125A/250A	直流电源负，连接直流电源负与电池负极

(续)

触头编号/标识	额定电压和额定电流	功能定义
3/接地	—	保护接地（PE），连接供电设备地线和车辆底盘地线
4/S +	30V 和 2A	充电通信 CAN_H，连接非车载充电机与电动汽车的通信线
5/S -	30V 和 2A	充电通信 CAN_L，连接非车载电机与电动汽车的通信线
6/CC1	30V 和 2A	充电连接确认 1
7/CC2	30V 和 2A	充电连接确认 2
9/A +	30V 和 20A	低压辅助电源正，连接非车载充电机为电动汽车提供的低压辅助电源
9/A -	30V 和 20A	低压辅助电源负，连接非车载充电机为电动汽车提供的低压辅助电源

感应式充电机利用了电磁感应耦合方式向电动汽车传输电能，两者之间没有实际的物理连接，充电机分为地面部分和车载部分。感应式充电机的结构如图 8-6 所示。

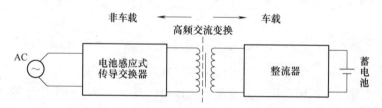

图 8-6 感应式充电结构图

目前，由于感应充电技术尚不成熟，电动汽车充电使用的多为传导式非车载充电机。非车载充电机一般采用多个电源模块进行串并联来实现大功率充电。

开关电源采用功率半导体器件作为开关，通过控制开关管的占空比来调整输出电压。开关电源典型的结构如图 8-7 所示。

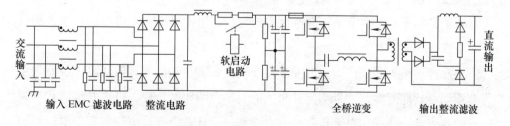

图 8-7 开关电源典型的结构

开关电源的基本原理是通过不可控整流电路将电网电压转为直流电压,然后通过逆变电路将直流电压转为高频交流电,通过高频变压器进行隔离和电压转换,然后进入二次侧整流滤波电路实现直流输出。这种结构可以提高开关频率,有效地减小电容、电感及变压器的尺寸,而且还能抑制干扰,改善系统的动态性能。

随着电动汽车的大量应用,电动汽车可用作电网的分布式储能装置,在谷电期间对电动汽车充电,在峰电期间对电网进行调峰,这就对充电机进一步提出了可进行电能双向流动控制的要求。现有的单向小功率充电机均无法满足这种要求。而采用大功率元器件和先进的脉宽调制技术(PWM)控制的充电机,通过高性能 DSP 实现全数字化控制,可以实现高功率因数、低谐波、大功率,并且可以实现电能的双向流动。

问题 97　电动汽车电池更换技术是怎样的?

电池更换方式可以利用低谷时段给动力电池充电,同时又能在很短的时间内完成电动汽车电能补给过程,整个电池更换过程可以在 10min 内完成,与现有的燃油车加油时间大致相当;电池更换模式还可以及时发现电池组中电池单体的问题,对于电池的维护工作将具有积极意义;电池组放电深度的降低也有利于提高电池组的寿命。

根据我国对商用车(在设计和技术特征上是用于运送人员和货物的汽车,商用车包含了所有的载货汽车和 9 座以上的客车)和乘用车(主要用于运载人员及其行李或偶尔运载物品,包括驾驶员在内,最多为 9 座的汽车)的定义不同,电池更换技术也分为商用车更换和乘用车更换两种。

对于乘用车,根据电池箱在车辆中的部位,电池更换方式可分底盘更换和行李箱更换。

在底盘更换方式中,电池箱安放在车辆底盘,与乘员舱有效隔离,没有占用行李箱储藏功能,整车重量均匀分布,前后轴负荷比例合理,可更好地满足车辆运行的技术性能指标、车辆行驶的安全性和舒适性;但底盘更换方式中电池箱的标准化难度较高,同时整车技术(或改造)难度较大。底盘更换如图 8-8 所示。

图 8-8 底盘更换方式

行李箱更换方式如图 8-9 所示。电池箱安放在车辆行李箱,由于占用了行李箱,牺牲了整车行李箱的储藏功能,同时,电池箱没有与乘员舱有效隔离;另外,由于电池箱具有一定的重量,整车重心后移,车辆运行的技术性能(尤其是爬坡)有所下降。但相比于底盘更换方式,行李箱更换方式容易实现,整车不需要太大的改造,这是它的优点。

图 8-9 行李箱更换方式

乘用车电池更换操作步骤为:

① 以半自动方式,将耗空电池组拉至助力车上。

② 180°回转助力车,将满电电池组转移至更换工作位置。

③ 将满电电池组推入车体,导向式插头保证位置准确及接触良好。

对于商用车的电池更换,根据车辆的结构,电池箱一般位于车辆的两侧,更换设备也是从车辆两侧对电池进行更换。因为商用车电池箱质量大,每辆车电池箱数量为 8~12 节，人工更换效率低，所以商用车电池箱的更换一般采用自动化更换设备来实现。

为了提高商用车电池的更换效率，缩短电池的更换时间，不同模式的商用车的电池更换方法也有所不同，按操作步骤主要分为一步式方案和两步式方案。

① 一步式更换模式，更换设备将电池从电池架取下后旋转 180°安装在车上。更换过程中将车上电池取下，然后再放置到电池架上，两个动作由同一套装置完成。一步式方案下的换装设备操作简单，可靠性好，换电站整体占地面积小；但在该种更换模式下，电池充电环境开放，温度控制效果不理想。商用车电池箱一步式更换实物图如图 8-10 所示。

② 两步式更换模式实物图如图 8-11 所示。

图 8-10　商用车电池箱一步式更换实物图

图 8-11　两步式更换模式实物图

问题 98 充换电设施的分类有哪些？

根据运行特点，电动汽车可以大致分为公交车、出租车、特种车辆和私家车四类。不同种类的车辆具有不同的用途，在行驶线路、行驶里程、行驶时间上会有所不同。电动汽车充换电设施是为电动汽车提供电能的相关设施的总称，针对各种电动汽车充换电需求，电动汽车充换电设施可分为分散式交流充电桩、充电站和电池更换站三类。

1. 分散式交流充电桩

交流充电桩按照安装方式的不同分为落地式和壁挂式两种。落地式充电桩适合在各种停车场和路边停车位进行地面安装；壁挂式充电桩适合在空间拥挤、周边有墙壁等固定建筑物进行壁挂安装，如地下停车场或车库。

交流充电桩按提供的充电接口数不同分为一桩一充式和一桩两充式两种。一桩一充式交流充电桩提供一个充电接口，适用于停车密度不高的停车场和路边停车位；而一桩两充式交流充电桩提供两个充电接口，可同时为两辆电动汽车充电，适用于停车密度较高的停车场所。

2. 充电站

充电站是采用整车充电模式为电动汽车提供电能的场所，主要由三台及以上电动汽车充电设备（至少有一台非车载充电机），以及相关的供电设备、监控设备等。充电站由配电系统、充电系统、计量计费系统、监控与通信系统、配套设施等部分组成。

根据配电容量及充电设备的数量，电动汽车充电站的建设规模可分为大型、中型和小型三类。其中，大型充电站的配电容量大于或等于500kV·A，具备为各类乘用车、商用车充电的能力，充电设备数量不少于10台；中型充电站的配电容量大于或等于100kV·A，且小于500kV·A，充电设备数量不少于3台；小型充电站的配电容量小于100kV·A，充电设备数量不少于3台。

充电站效果图如图8-12所示，运行中的充电站如图8-13所示。

图 8-12　充电站效果图

图 8-13　运行中的充电站

3. 电池更换站

电池更换站是指采用电池更换方式为电动汽车提供电能供给，并能够在换电过程中对更换设备、动力电池进行状态监控的场所。

根据功能不同，电动汽车电池更换站可分为三类：电池更换站（换电站）、电池配送中心、电池配送站。其中，电池更换站可以对电池进行充电，也可以为电动汽车提供换电服务；电池配送中心是对动力电池进行集中充电，并为电池配送站提供动力电池的场所，是电池更换站的一种特殊形式；电池配送站是通过配送方式获得动力电池,并为电动汽车提供电池更换服务的场所,是电池更换站的一种特殊形式。

根据服务的电动车辆类型,电动汽车电池更换站还可分为以下三类:综合型电池更换站、商用车电池更换站和乘用车电池更换站。其中,综合型电池更换站是同时具备商用车和乘用车电池更换及电池充电的功能,并具备辐射本地区的电池配送能力的电池更换站;商用车更换站是具备商用车电池更换和电池充电的功能,并具备一定范围的电池配送能力的电池更换站;乘用车电池更换站是具备乘用车电池更换和电池充电的功能,并具备一定范围的电池配送能力的电池更换站。

问题 99　国内外充换电设施发展现状是怎样的?

电动汽车充换电设施发展主要体现在智能化、标准化、便捷化方面,目前,充换电设施尚未考虑电动汽车与电网双向互动问题,对于大规模电动汽车无序充电造成的电网负荷不平衡还未进行充分的考虑。因此,为适应电动汽车的快速发展,国内外科研机构纷纷开展相关的研究工作,提升充换电设施的综合性能,在标准统一、充换电设施服务能力、参与电网互动等方面开展相关的研究。

1. 国外充换电设施发展现状

随着全球电动汽车产业的发展,各国政府不断加强对充换电设施的政策扶持力度,各国充换电设施建设运营规模和商业化程度逐步提升。

首先,各国充换电设施建设规模正在逐步扩大。

美国政府目前支持两大充电基础设施计划:"Charge Point"项目和"EV Project"项目。美国能源部为"Charge Point"项目提供 1500 万美元资助,计划建设 4600 个公共和家庭充电点;美国能源部为"EV Project"项目提供 1.15 亿美元资助,计划在 18 个城市安装 1.4 万个充电点。

日本政府制定了两个阶段的充电基础设施行动计划:市场准备期主要在特定区域建设充电基础设施;正式普及阶段推动民间企业建设充电基础设施。日本快充协会(CHAdeMO)是推动快速充电标准和快充设施应用的组织,积极推进快速充电发展并开展国际标准编制。

同时，各种政府的电力企业在充换电设施建设运营中发挥了重要作用。

德国政府已开展的 8 个区域示范项目中，RWE、E. ON、Vattenfall 及 EnBW 四大电力企业参与了 5 个项目；意大利国家电力公司（Enel）在意大利充电基础设施中几乎占据了全部市场；西班牙恩德萨国家电力公司（Endesa）在西班牙充电基础设施中占据了主要市场；法国电力公司（EDF）在法国与雷诺－日产联盟签订协议，共同推进充换电网络建设。

美国太平洋燃气与电力公司（PG&E）出台了针对电动汽车用户的报装流程以及分时电价机制，以引导用户规范安装和有序充电。

另外，国际电工委员会（IEC）和国际标准化组织（ISO）都在电动汽车、动力电池组、电气附件等技术委员会中开展电动汽车相关标准的制定和修订工作。美国、德国、日本等国家的行业组织积极参与国际标准的制定和修订。充电接口作为连接外部供电设备和电动汽车的关键环节，受到世界及各国标准化机构的高度重视，成为目前电动汽车标准化领域的重点和热点。IEC 高度重视换电模式，计划开展换电标准编制。欧盟和美国的标准化组织已将换电标准列入充换电标准编制计划。

2. 国内充换电设施发展现状

随着我国"十城千辆"及私人补贴试点等电动汽车推广示范工程的推进，我国政府对充换电设施的政策扶持力度不断加大，南方电网、普天海油、中石化等企业积极参与充换电设施建设运营工作，目前我国已成为世界上投资运营充换电设备最多的国家。

首先，我国政府对充换电设施的政策扶持力度不断加大。

2011 年 10 月，财政部、科技部、工信部、发改委等 4 部委联合下发《关于进一步做好节能与新能源汽车示范推广试点工作的通知》，通知对充换电基础设施发展提出了明确的要求，包括"制定充电基础设施建设规划"、"为个人新能源车用户配套建设充电桩，桩与车配比不得低于 1∶1"等，并进一步加强了对充换电基础设施建设运营的政策扶持力度，要求试点城市积极落实地方财政相关配套资金，优化资金投向，重点支持充换电设施建设。

其次，国内电网企业为主体、多方合作、优势互补参与充换电设施建设运营。

最后，国家电网公司在积极推进电动汽车智能充换电服务网络建设与运营，以及在标准制定、网络规划、模式创新、设施建设、技术研发等方面取得了显著成效。

2018年4月11日下午，中国电动汽车充电基础设施促进联盟3月份全国电动汽车充电基础设施推广应用情况信息发布会在京召开。发布的数据显示：各省、区、市公共充电设施保有量平稳增长，一方面随着电动公交车的逐步投放，中西部地区的充电电量呈逐步上升趋势；另一方面，私桩共享模式逐渐形成规模。截至2018年3月，联盟内成员单位总计上报公共类充电桩253 074个，其中交流充电桩109 584个，直流充电桩77 437个，交直流一体充电桩66 053个。2018年3月较2018年2月新增公共类充电桩9051个。从2017年4月到2018年3月，月均新增公共类充电桩约8074个，2018年3月同比增长62.0%。

问题100　我国充换电设施的发展趋势是怎样的？

电动汽车充换电设施是电动汽车推广应用的重要基础支撑设施，是电动汽车商业化、产业化过程中的重要环节，电动汽车充换电设施与电动汽车发展是相互促进的。随着电动汽车规模化发展和我国智能电网建设的推进，电动汽车作为移动式储能单元，将成为智能电网的重要组成。

结合当前电动汽车发展现状，考虑未来发展趋势，电动汽车充换电设施建设要以满足电动汽车发展为目标，应按照"统一标准、统一规范、统一标识、优化分布、安全可靠、适度超前"的原则，综合考虑电动汽车及其动力电池的技术性能，建设具有中国特色的充换电设施，实现充换电设施与电动汽车的协调发展。充换电设施应向以下几个方向发展：

① 安全可靠。首先应保证操作人员、电动汽车用户和周围环境的安全。

② 通用便捷。通过电动汽车电力电池及其充电接口的标准化，实现充换电设施构成系列化、标准化的充换电设备，为电动汽车提供标准的充换电通用接口。

③ 经济实用。基于电动汽车发展和动力电池性能，结合配电网建设与改造，选择适合电动汽车特点的充换电基础设施，为电动汽车提供经济实用的充电服务，减少建设投入，提高社会资产效率。

④ 兼顾发展。在满足当前电动汽车充换电需要的基础上，考虑电动汽车和智能电网的发展，为电动汽车与电网的协调发展提供基础。

问题 101 什么是电动汽车与电网互动技术？

电动汽车与电网互动技术（Vehicle to Grid，V2G）描述的是一种新型电网技术，电动汽车不仅作为电力消费体，同时在电动汽车闲置时可向电网回馈电能，实现在受控状态下电动汽车与电网之间的能量、信息双向互动。V2G 既解决了电动汽车大规模发展带来的充电需求问题，又可将电动汽车作为移动的、分布式储能单元接入电网，用于调峰、调频和旋转备用等，在提高电网供电灵活性、可靠性和能源利用效率的同时，减少电网建设投资。

V2G 技术体现的是能量双向、实时、可控、高速地在车辆和电网之间流动，充放电控制装置既与电网有交互，又与车辆有交互，交互的内容包括能量转换、客户需求信息、电网状态、车辆信息、计量计费信息等。因此，V2G 技术是融合了电力电子技术、通信技术、调度和计量技术、需求侧管理等的高端综合应用。V2G 技术的实现将使电网技术向更加智能化的方向发展，也将使电动汽车技术的发展获得新突破。

目前对 V2G 的研究涉及很广，应用也很多，一些主要应用包括：

1. 平抑负荷峰谷

在城市中，尤其是大型城市中，电网峰谷负荷差会很大。每天电网负荷高峰时段需要有足够容量的电厂来调节负荷变化，在低谷时就会闲置很多容量。由于私家电动汽车绝大多数时间处于停驶状态，这就为电动汽车作为分布式移动储能单元提供了可能性。使用 V2G 功能时可以实现在负荷低谷时给电动汽车充电，从电网吸收功率；而在负荷高峰时电动汽车通过逆变装置将电能回馈给电网，向电网输送功率。这样能够减少电网在备用容量上的投资，减小电网峰谷差，取得经济效益。

在国家节能减排和新能源汽车的政策支持下,采用 V2G 平抑负荷峰谷具有显著的社会效益。在经济方面,充分利用闲置的电动汽车储能能力,鼓励用户参与 V2G,一方面可以抵消用户使用电动汽车的部分费用,另一方面可以减少国家建设调峰电源的巨额投资,具有明显的经济效益。

2. 对频率做出响应

频率的变化也反映出负荷的变化,同时也必须通过调整频率保证满足系统功率和负荷平衡。V2G 能在非高峰时段自动充电,在高峰时段放电,替代效率较低的调频电厂(一般的火电厂在接到调频信号后,需要一定的启动时间,而高性能车载动力电池对信号的反应速度是毫秒级的)。

电动汽车放电时可看作一种分布式电源,可用功率及可用时间都有很大的不确定性。但是,当参与 V2G 的车辆达到一定的数量时,对于一个整体来说少量车辆的退出,不会影响 V2G 总的可用功率。有研究表明,90% 的车辆都可以参加调频服务,即使在交通的最高峰点也有 80% 多的车辆是停着的,即可以参加调频服务;而且对于私家车,一天当中只有 4%～5% 的时间是在使用中的,即有 95% 的时间可以参加调频服务。当电动汽车规模化应用时,利用 V2G 模式实现调频功能将在一定程度上提高电网调频效率。

3. 用作应急电源

当交流电源(市电)出现干扰或中断时,V2G 能保证对负载不间断地供电,确保关键负载连续正常运行,从而节省应急供电装置的投资,而且其可靠性高并可以根据实际情况来选择需要的容量或采用并联方式扩大容量,这样就可以使更多的设备受到保护。

当电动汽车规模化应用时,如旅游景点大型停车场、居民社区停车场等地方可以利用电动汽车放电,作为紧急情况下的备用电源使用,为景点电力设备及居民住宅提供足够的电能,为电网维修和恢复提供足够的时间,能够在一定程度上提高供电可靠性。

4. 为新能源接入平抑扰动

新能源发电具有较大的波动性，会对电网平稳运行造成较大冲击。以风力发电和光伏发电为例，风能、太阳能都是清洁能源，但从电网角度来看，风能、太阳能的波动性和随机性实际上会对电网供电质量产生不利影响。电网在接纳这些电能时要对这种波动进行调节，这时 V2G 就可以作为备用容量对新能源接入所产生的扰动进行平抑，减少火电或其他常规机组的备用容量。

图 8-14 所示为 V2G 技术示意图，图中箭头方向表示能量流动。

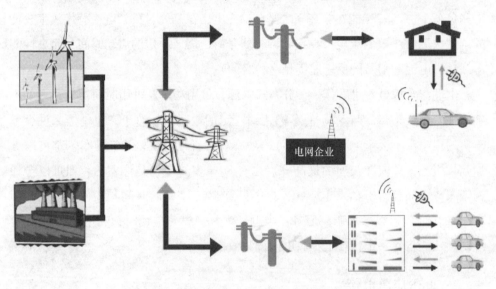

图 8-14　V2G 技术示意图

问题 102　电动汽车与电网互动的关键技术与设备是什么？

实现电动汽车与电网的能量和信息交换，涉及硬件系统、软件系统、通信系统和商业运营模式四方面的内容。其中，硬件系统包括实现动力电池能量转换的充放电装置、保证电动汽车和所接入电网运行安全的并网装置、双向计量计费装置、智能车载终端等。

电动汽车与电网互动关键技术与设备包括充放电装置、智能量测和通信系统、电动汽车与电网互动的控制策略、电动汽车与电网互动的商业模式等。

对于充放电装置,可选用的方案有两种:一种方案是利用电动汽车电机驱动系统的逆变器,加以必要的控制电路进行改造,目前能实现这一方案的只有 AC Propulsion 的 AC-150 系统,如图 8-15 所示;另一种方案是通过独立的充放电装置将电动汽车接入电网,包括车载和非车载充放电装置。典型的充放电装置的拓扑结构由 PWM 整流 + 双向 DC/DC 变换器构成,如图 8-16 所示。充放电装置为非线性设备,其谐波水平、电压闪变等都应满足一定限制。此外,充放电装置的转换效率在一定程度上影响电动汽车与电网间能量转换的经济性。

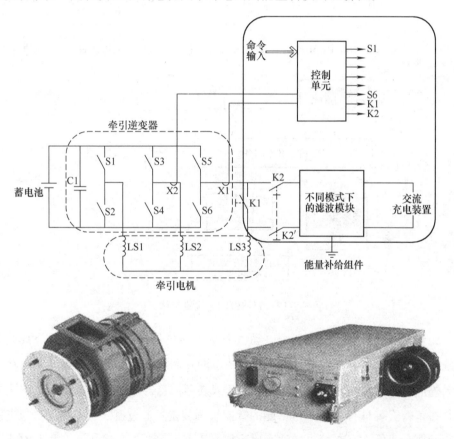

图 8-15 AC-150 驱动系统

智能量测和通信系统主要包括利用智能电网高级量测体系以及通过车载智能量测装置等两部分。高级量测体系(Advanced Metering Infrastructure,AMI)是智能电网的关键技术之一。AMI 包括智能电能表、计量数据管理系统及相应通信网络,如图 8-17 所示。这种方案是将电动汽车与电网的互动限制在住宅等具备 AMI 系统的区域。

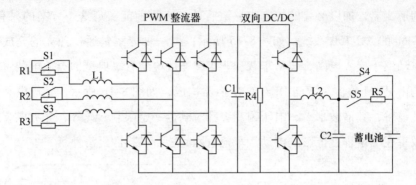

图 8-16　PWM 整流 + 双向 DC/DC 变换器构成的充放电装置

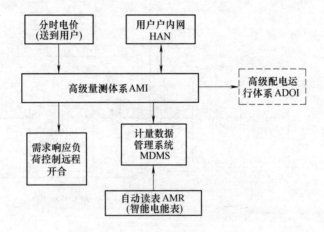

图 8-17　智能电网高级量测体系

而通过车载智能量测装置,电动汽车也能通过不具备 AMI 系统的公共充电设施接入电网。此时,电动汽车需要告知电网其用户身份、所处位置、充电功率等级等信息,电网也需将电价、充电功率限制等信息告知电动汽车用户,解决方法是在车内安装具有 GPS 定位功能的智能量测装置,通过有线或无线方法与电网进行通信。通信方案有电力载波、以太网、Zigbee、移动蜂窝网等。这种方式可以使电动汽车在"漫游"情况下,依然可以实现与电网的互动,并得到统一的计量计费。在这种方式下,无需对电网的计量装置进行改造,更有利于 V2G 的推广应用。

对于电动汽车与电网互动的控制策略，应涉及电动汽车用户、聚集管理员（Aggregator）和电网调度三方，以及这三方之间的协调运行。主要包括：基于用户层面的控制策略、基于聚集管理员（Aggregator）的控制策略以及基于电网调度运行的控制策略等。

① 基于用户层面的控制策略涉及用户行驶需求、用电成本、电池循环寿命损耗等方面。如基于电价信号的充放电策略，电动汽车用户跟随电网发布的实时电价信息进行充放电控制，以获得最大收益为目标。当售出电价高于用户的买入电价时，用户可选择将电动汽车存储的电能回馈给电网。

② 基于聚集管理员（Aggregator）的控制策略，涉及电动汽车的管理者如何对其服务的电动汽车用户进行协调管理。如在向电网提供辅助服务时，如何考虑各用户的充电需求。

③ 基于电网调度运行的控制策略涉及V2G的应用层面，即电网如何利用电动汽车的充放电进行整个电网的优化运行，包括削峰填谷、扩大可再生能源接入、提高稳定性等方面。

在电动汽车与分布式电源大规模接入电网后，电网的调度运行结构将发生根本性的转变。如何将电动汽车和分布式电源纳入整个电网的能量体系，对电网的经济性、稳定性进行优化，也是未来智能电网应用的一大课题。

此外，电动汽车与负荷、分布式电源相结合构成的微电网也是目前研究的方向之一。当电网发生故障时，进入孤岛运行，电动汽车充当系统中的储能装置，辅助波动的可再生能源发电，维持孤岛中电压、频率的稳定。此时需要对该模式下电动汽车的充放电控制策略进行设计。微电网在并网和孤岛运行的无缝连接、电网对微电网的兼容和协调控制都是有待研究的内容。若同时考虑电动汽车在微电网中的应用和电动汽车在整个电网能量体系的应用，整个系统将变得更加复杂。

对于电动汽车与电网互动的商业模式，主要有基于充电站的层级管理模式、通过已有商业模式对分散的电动汽车进行管理和通过第三方运营商对电动汽车进行集中管理等几种模式。

在基于充电站的层级管理模式下，电动汽车通过公共充电站接入电网，可采取多级结构进行层级控制，底层为以单辆车辆为基本单元的充电站，最高级的管理平台与电网进行直接的交互，即统一调度、分级管理的方式，如图8-18所示。

各充电站对其下的车辆进行能量管理和分配,电网对各个充电站进行层级管理。在该模式下,充电站管理平台负责各用户需求的管理,同时接受电网的命令,根据电网需求做出响应。

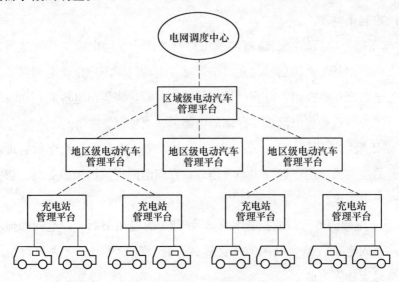

图 8-18 基于充电站的层级管理模式

在通过已有的商业模式对分散的电动汽车进行管理的模式下,电动汽车分散地接入电网,利用已有的商业关系对电动汽车的 V2G 运行进行管理。如电力零售公司从电力市场批量购买电力再卖给其用户。在 V2G 应用下,电力零售公司可从成百上千个电动汽车购买电力,以兆瓦级销售给电力市场。电力零售公司从净用电量向用户收取费用,并给予一定经济补偿,以激励用户将电动汽车接入电网。

在通过第三方运营商对电动汽车进行集中管理的模式下,该第三方运营商为独立单位,专门对电动汽车充放电进行集中管理。该第三方可能是电信运营商、汽车制造厂商等。

问题 103 电动汽车与电网互动技术发展面临的挑战有哪些?

V2G 系统的复杂程度与其应用层面有关,根据电动汽车规模和动力电池技术水平的发展，V2G 的应用层面也不同，如改善负荷曲线、负荷管理、辅助服务、微电网、与可再生能源发电协调运行等。将电动汽车纳入电网能量管理体系，与可再生能源发电协调运行，优化能源效率，参与电网调度，促进电网的安全性、稳定性、可靠性和经济性是 V2G 应用的最终目标。实现该目标需要在电动汽车和电网之间建立双向通信体系，设计管理结构和控制策略，面临的挑战主要存在以下五个方面：

① 为各厂商的产品建立统一通信协议，便于与电网进行交互。各个制造商充电设备的通信接口和协议各不相同，将为电网对电动汽车的统一调度带来阻碍。

② 建立电动汽车与电网之间的快速可靠的实时控制。电动汽车在地理位置上具有很大的分散性，同时数量庞大，建立完整的通信网络需要大量投资。通信的速度和可靠性也是决定 V2G 应用的关键因素。

③ 对电网能量管理系统（Energy Management System，EMS）/配电管理系统（Distribution Management System，DMS）的扩展。现有 EMS 软件不对低压节点进行建模，将数目庞大又分散的电动汽车纳入电网的调度管理，将给 EMS 各应用软件的计算带来很大难度，如最优潮流计算、经济调度等。DMS 配电管理系统还将面临大量的计费、计量工作。

④ 需要成熟的电力市场环境。在 V2G 应用下，电动汽车根据电网需求进行充放电，需要合理的电价制定机制。同时电动汽车可能通过一定集成管理向电网提供辅助服务，确定集成管理者的角色，提供准入政策，这也是促进 V2G 应用的条件。

⑤ 与现有配电网控制和保护策略的协调。在 V2G 规模应用下，负荷潮流可能变化较大，使电网上的电压幅值发生较大变化，给电压调节带来困难。电动汽车接入电网后，配电网可能出现双向潮流，短路电流也发生变化，原有保护装置不能正常运行。

同时，V2G 技术发展所涉及的问题与挑战还有安全问题和隐私保护问题、EV 用户的配合与积极参与等。

V2G 网络的运行是基于不断地监测 EV 状态以及合理地设计激励机制，以吸引电动汽车用户足够的参与度。然而密切的监测会使电动汽车用户担心隐私问题，包括身份、位置信息泄露以及个人偏好等。

V2G 技术的各项辅助功能都离不开用户的配合，若想期许 V2G 成为现实，必须消除用户的各种疑虑与担忧。比如：电动汽车的购买价格和维护成本高于内燃机汽车，能否在电池寿命期间收回成本；电动汽车的行驶范围较短，且充电时间长；向电网出售所存储电力是否具有经济效益；频繁充放电是否会导致电池退化，缩短电池寿命；电力系统是否对电池有影响等。

第 9 章

新能源汽车应用

新能源汽车具有广阔的市场前景，国内的新能源汽车消费环境也正在成熟。近年来，随着新能源汽车推广力度的加大，产业快速发展，越来越多的消费者开始接受并购买新能源汽车。

问题 104　新能源汽车的商业模式主要有哪些？

国际上及我国各节能与新能源汽车试点城市对商业模式都进行了积极探索。从已经得到实际应用的新能源汽车商业模式看，大致可概括为四种类型：整车销售模式、整车租赁模式、裸车销售+电池租赁模式和融资租赁模式。

1. 整车销售模式

整车销售模式的基本构架为：整车企业捆绑电池销售，能源供给服务企业建设城市充电站和充电桩网络并负责运营。目前，通用汽车公司的插电式混合动力汽车 Volt、日产汽车公司的纯电动汽车 LEAF 以及我国江淮汽车的同悦纯电动汽车、比亚迪 e6 纯电动汽车都以该种方式进行市场推广。以我国新能源汽车为例，这种模式的基本构架如图 9-1 所示。

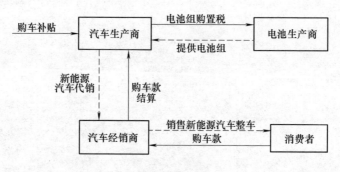

图 9-1　整车销售模式的基本架构

2. 整车租赁模式

该模式的基本构架为：第一种方式是对新能源汽车整车（含电池）进行租赁，能源供给服务企业建设充电站和充电桩网络并负责运营；第二种方式是对新能源汽车进行裸车租赁，能源供给企业提供电池租赁和充换电网络建设及服务。

这种模式的基本架构如图 9-2 所示。

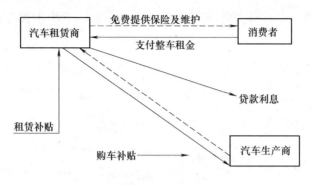

图 9-2　整车租赁模式的基本架构

3. 裸车销售 + 电池租赁模式

该模式的基本构架为：消费者从整车生产企业购置不包含动力电池的裸车，由能源公司出资建设充换电基础设施，并从电池生产企业租赁动力电池，对电池进行统一管理，消费者根据运营需要更换动力电池，按电耗多少支付动力电池使用费和电费。这种模式的基本架构如图 9-3 所示。这种模式代表性案例包括天津纯电动公交、北京纯电动公交、杭州众泰汽车的运行模式。

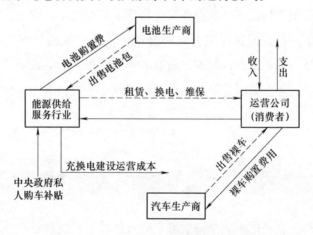

图 9-3　裸车销售 + 电池租赁模式的基本架构

4. 融资租赁模式

融资租赁是指出租人根据承租人对租赁物件的特定要求和对供货人的选择，

出资向供货人购买租赁物件,并租给承租人使用,承租人则分期向出租人支付租金,在租赁期内租赁物件的所有权属于出租人所有,承租人拥有租赁物件的使用权。

目前我国新能源汽车行业中,在融资租赁模式中扮演出租人角色的企业包括金融机构或资产管理公司。融资租赁模式的基本架构如图9-4所示。

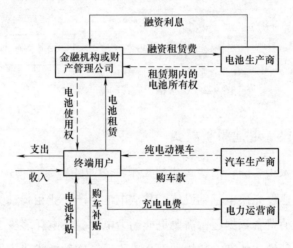

图9-4 融资租赁模式的基本架构

在上述融资租赁构架下,国内还演化出现了由专业运营商主导的融资租赁模式。此种模式下,也是通过车电分离和分期付款的方式减轻终端用户的付款压力。所不同的是,专业运营商起到了融资的中介作用,为终端用户提供担保以获得购买裸车的融资款,同时专业运营商还购买电池、提供电池维护保养以及建设充换电基础设施。

问题 105　新能源汽车的服务体系主要有哪些?

新能源汽车的服务体系包括应急安全处理体系、零配件供应体系、维护保养体系、废置处理体系等。

1. 应急安全处理体系

新能源汽车最重要的安全问题主要还是电池性能。在行车过程中,电池发生高温、冒烟时的应急措施：在行驶过程中驾驶人要特别注意高温报警和电池舱情况，如果发现某只电池的温度过高，则需停车打开电池舱盖查看电池，如果有异味或有烟冒出，则应按照规定顺序进行处理：

① 将车辆停靠路边。

② 切断车体高压。

③ 打开电池舱盖。

④ 手动解锁，用力将电池拉出车体，尽量将电池远离车体，操作过程中应避免被电池箱滑出时砸伤。

⑤ 电池拉出后，尽量将车与电池隔离 5m 以外。

⑥ 用干粉灭火器灭火（磷酸铁锂电池可以用水、黄沙、灭火毯、土壤、干粉灭火器和二氧化碳灭火器扑灭）。如有消防队到来，尽量阻止其用水冲电池，防止更大规模的电池短路造成电池燃烧发生，但在事态无法控制时，可用大量水进行处理。

2. 零配件供应体系

随着目前全球汽车产业中越来越多的技术创新任务由配套企业完成，新能源汽车核心技术领域的发展对供应商的要求也日益增高。新能源汽车的快速发展给传统零部件供应商带来严峻挑战的同时也带来了良好的发展机遇。我国汽车零部件供应商应该认真思考其发展对策和方式，增强自主创新与研发能力，改变传统汽车零部件配套层次低、产品技术含量不高的窘态，力争走在国际前沿，为我国新能源汽车的国际化道路助一臂之力。

3. 维护保养体系

维护保养体系包括了整车维护与保养、关键零部件维护与保养两部分。

电动汽车使用过程中，为确保汽车正常行驶，必须对汽车进行日常维护。日常维护是发挥汽车效率、减少行车事故、节约维修费用、降低能耗和延长汽车使用寿命的重要环节，是每个驾驶人在开车前及行车中必须做到的。其主要内容包括：

① 检查转向、制动、悬架、传动等主要部件的紧固情况。

② 检查真空管道有无漏气现象。

③ 检查驱动桥主减速器、转向机构、真空泵等有无渗漏油现象。

④ 检查轮胎气压是否合乎标准，剔除嵌入轮胎花纹的渣石、铁钉等杂物。

⑤ 按润滑表规定，按时按量对各润滑点进行润滑。

除日常维护外，车辆行驶一段距离后还要进行周期性的维护与保养，以保持车辆良好的运行状态。

对于动力电池系统、驱动电机系统、其他高压系统、电气线束、动力转向系统以及制动系统等关键零部件，其性能会严重影响电动汽车的应用性能及安全性能，这些关键部件的维护与保养可有效延长电动汽车使用寿命，提高使用性能。对这些关键部件的维护与保养，需要遵照相应的规程进行。

4. 废置处理体系

下面以纯电动客车为例，介绍新能源汽车的废置处理方案。纯电动公交客车废置处理方案包括动力电池的废置处理方案和裸车的废置处理方案，如图9-5所示。良好的纯电动公交客车废置处理方案可以增加整个模式内产业链的价值。

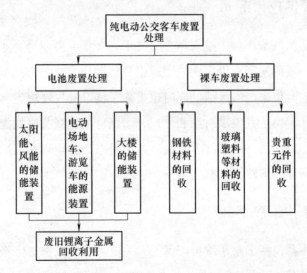

图9-5 纯电动公交客车废置处理方案图

5. 动力电池的废置处理方案

从电动汽车上回收的动力电池还可在其他产品上继续发挥它的作用。在动力电池外观完好、没有破损、各功能元件有效的情况下，可进行二次开发利用，作为太阳能、风能等清洁能源的储能装置（如用于对太阳能路灯的电极板进行充电），也可以用在公园景区的短距离电动场地车、游览车、高尔夫球车上，或作为大楼的储能设备供应急照明使用。通过梯次利用，不仅可以让动力电池性能得到充分的发挥，有利于节能减排，还可以缓解大量动力电池进入回收阶段给回收工作带来的压力。待动力电池完全报废后，可利用动力电池回收利用技术对废旧动力电池中的金属进行回收利用。动力电池的废置处理方案可由电池企业主导完成。

6. 裸车的废置处理

目前，纯电动公交客车主要使用的材料有金属、塑料、橡胶、玻璃和油漆等，其中钢铁材料占废旧汽车总重量的69%左右，有色金属（如铜锡等）占9.6%，塑料占8.6%，玻璃占2.8%，其他约占10%，相对有色金属和塑料而言，钢铁仍然是组成汽车最主要的材料。汽车用钢材和有色金属，90%以上可以回收利用，玻璃和塑料等的回收利用率也可达50%以上。至于汽车上的一些贵重的元件材料，回收利用的价值则更高。裸车的废置处理可由购买整车的客户，即公交公司主导完成。

第 10 章

新能源汽车发展趋势

问题 106　新能源汽车的发展趋势是什么？

新能源汽车是传统汽车的升级换代，是一种技术的革新进步。新能源汽车必将是更节能、更环保，更舒适、更有驾驶乐趣的汽车。

1. 更节能

（1）轻量化让汽车更节能

轻量化结构和材料的使用是未来新能源汽车的发展趋势。电动汽车比传统汽车更需要轻量化，更能平衡轻量化材料导致的成本上升，更能够带动轻量化的规模应用；轻量化既包括车身，也包含关键部件，如电池系统，轻量化材料与车身电池相结合是理想化目标。图 10-1 所示为轻量化材料强度与重量的发展方向。

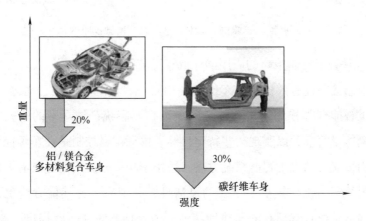

图 10-1　轻量化材料强度与重量的发展方向

汽车轻量化设计、轻量化制造以及新型材料在新能源汽车上的应用，使新能源汽车在保证强度和安全性能的前提下，降低了整车的整备质量，减少了燃料消耗，降低了排气污染，使新能源汽车更节能。

（2）智能交通让汽车更节能

节能与新能源技术的进步纵然可以节约能源，而交通管理的潜力也同样不容小觑。先进的交通管理能带来能源经济性的提高，如保持交通的通畅、优化交通流，使汽车能以经济车速行驶等。而智能交通系统对节能的作用一方面体现在道路系统中，另一方面也体现在人与车的配合上。图10-2a和b所示为互联网、车联网、V2G、电动汽车基础设施网相互交融。

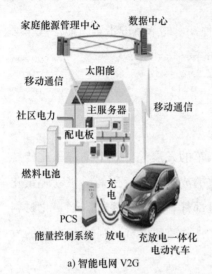

a) 智能电网V2G　　　　　　　　　　　　b) 电动汽车基础设施网相互交融

图10-2　互联网、车联网、V2G、电动汽车基础设施网相互交融

（3）各种智能控制策略的应用能让汽车更节能

优化控制策略能有效提高整车能量利用效率，使之更节能。优化控制策略，特别是人工智能（即模糊逻辑和神经网络）控制系统已被众多的研究人员成功应用于车辆能量管理，以实现某些特定目标。模糊逻辑控制是在车辆能量管理系统中应用的最流行的人工智能系统方法。适用于功率分流问题且具有非线性结构的模糊逻辑控制为优化提供了更多的灵活性，并带来了比其他方法更强的鲁棒性。神经网络系统具有固有的非线性特性，为处理非线性问题提供了有效途径。它具有高度的并行结构和并行实现能力，以及快速的总体处理能力，特别适用于动态处理。

由于实时性要求，优化控制策略在车辆实际控制系统中无法完全得到应用。随着科学技术的进步，不排除优化控制策略能满足整车实时性要求且应用于整车控制当中，使新能源汽车更加节能。

（4）先进能量转换与储能系统的应用也能让汽车更节能

研究人员和制造商都在努力开发新型能源转换器或储能系统（ESS）。与各种类型车辆动力传动系统中现有的成熟的能量转换器或储能系统相比，ESS 具有更大的能量容量、更高的功率密度、更低的成本、更高的效率。新技术不断为能量转换器和储能系统带来功能和可靠性上的显著进展。

例如：内部冲击辐射构造（IRIS）发动机的创新设计可以减少热能浪费，并且增加了产生有效转矩的反应表面积。与传统发动机燃烧室平均反应表面积少于 25% 总面积相比，IRIS 发动机燃烧室平均反应表面积超过 70%，这点极具成效。此外，IRIS 发动机还能捕获之前从排气管排出的能量。IRIS 发动机兼具二冲程燃烧循环的简易性以及四冲程发动机的工作效率。IRIS 发动机的阀门/排气创新构造带来了比传统的活塞存在于气缸内的构造更高的效率。IRIS 发动机可以在现有的基础设施中利用传统材料和机器进行制造。生物柴油、天然气和氢气等替代燃料预计也可以在未来的 IRIS 发动机中使用。

电池中的纳米技术有助于电池储存比以前更多的能量，从而减少了电动或混合动力汽车中电池的重量，进而显著地提高了效率。当不使用电池时，电池中的溶液和固体电极之间的隔离可以防止常常发生于传统电池的低水平放电情况，因此可大大延长电池的保存期。所有这些新技术给电池带来了比标准锂离子电池更高的功率、更快的充电速度，因此未来的纳米技术有望给电池行业带来一场真正的革命。

2. 更环保

从长远来看，不断追求更加节能与环保是汽车企业立足未来市场的根本。新能源汽车的环保就是要做到完全的清洁，从能源开采到使用的过程对环境无污染。

各类清洁能源的利用让汽车变得更环保。比如，采用电磁驱动带来的环保，以及以污染物为燃料带来的环保等都在让新能源汽车朝着环保无污染的方向发展。标致有一款 Moville 概念汽车，其外形极像一颗大水珠压在一个三个轮子的车上，又像是一个巨大无比的冰淇淋压在车上，十分抢眼，如图 10-3 所示。这辆车有三个带有磁性的轮胎，通过电磁体进行无摩擦的运动来行驶。车的外面第二个拉门是光电池。可以说，这是一辆将环保概念发挥到极致的概念汽车。

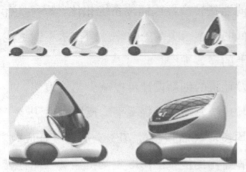

图 10-3　标致 Moville 泪珠未来主义汽车

作为混合动力的先行者，丰田深知"环保"概念在未来汽车的发展中是多么重要。Biomobile Mecha 概念汽车如图 10-4 所示，它将比普锐斯更具有划时代意义。它不向空气中排放废气，而是将污染物作为燃料。

图 10-4　丰田 Biomobile Mecha 概念汽车

其次，材料技术的进步以及清洁纳米材料的运用能让汽车变得更环保。随着材料技术的进步，越来越多的环保、可回收材料，比如生物塑料、生态复合材料将开始大量运用到汽车内饰以及结构件上。可以预见，未来材料技术的进步将给汽车工业带来巨大变化。

纳米材料具有量子尺寸效应、小尺寸效应、表面界面效应、宏观量子效应等特性，可应用在汽车的任何部位，包括车身、底盘、内装、轮胎、传动系统等。

利用纳米涂料烤漆，可使车身外观色泽更为光亮，且更耐蚀、耐磨；利用纳米粒子特有的抗菌、除污特性，可使内装部分达到清洁、健康的要求。

随着纳米材料应用技术的不断发展，利用纳米材料的特殊性能，开发和制备新型的汽车纳米材料具有广阔的应用前景和发展前景。

3. 更舒适

首先，传动系统的改变带来的结构变革，让新能源汽车变得更舒适。没有了发动机舱，采用线控取代以往主流的机械传动装置，最为明显的改变就是车内空间将大为拓展。这在通用 Hy-wire 概念汽车上体现得淋漓尽致。Hy-wire 不但继承了 autonomy 的各项主要技术创新，更充分利用其传动系统的改变进行了结构变革。由于采用了"by-wire"线传操控技术，其机械结构大为简化，驱动和操控系统全部安装在 11in 厚，形状似滑板的底盘内，如图 10-5 所示。大大提高了车内的乘坐空间，极好地改善了驾驶及乘坐的舒适性。

图 10-5　通用 Hy-wire 概念汽车底盘

通用推出的混合动力 Sequel 概念汽车如图 10-6 所示，它在继承了线传操控和燃料电池技术的基础上，率先采用了通用汽车高级技术研发中心研制的轮毂电机技术。线传操控电子控制技术与轮毂电机系统的结合，为汽车传动方式带来了革命性的变化。Sequel 抛弃了"钢筋铁骨"的传动系统，采用中央电脑控制系统直接对四轮动力进行控制，几乎所有的驱动和控制组件都安装在 28cm 厚的底盘结构中。通过系统与部件的简化，Sequel 的部件数目较同类型车减少了 2/3 以上，大大提高了乘客的舒适性。

图 10-6　Sequel 概念汽车

汽车轮胎制造企业米其林则有更为大胆的想法,米其林尝试将制动系统、变速器、差速器还有传动轴等多个部件都整合到车轮中来,也就是其主动车轮系统(Active Wheel System)。米其林在每个车轮中使用了两个电机:一个用来驱动汽车;另一个为装在车轮上的电子整合型悬架系统提供动力。有了这套系统,车轮自己就能完成整个驱动过程,无须安装任何额外的动力系统或制动装置,不再需要传统的悬架系统,也不需要变速器,从离合器到半轴的所有机械部件将几乎全部被取代。系统的高度集成化,给底盘结构的简化带来了可能。这种设计让整车的机械结构更为紧凑,给车厢内腾出了更大的有效空间,很好地提高了舒适性能。这种设计已被用于 Venturi 汽车公司的 Volage 概念汽车上,如图 10-7 所示。

图 10-7　Volage 概念汽车

最后，汽车的智能化能让新能源汽车更舒适。智能化技术将给汽车的操作方式带来很大变化，驾驶人只需将控制操作完全交由电脑来处理。由先进的各类传感器、激光设备、摄像机等收集路况信息，使得汽车能够感知路况，并由其控制系统进行处理、决策，给出信号，然后由线传电控技术激发执行机构来执行意图。智能系统可以对驾驶人的行车路线提出建议，从而绕过交通繁忙的路段，更快地抵达目的地。而当驾驶人因为行程无法休息的时候，智能驾驶技术可以启动自动驾驶模式，让驾驶人可以有时间休息片刻来缓解长途的劳累。"以人为本"体现在汽车上，便是对人的关注和"人性化"的设计。汽车无人驾驶场景如图10-8所示。

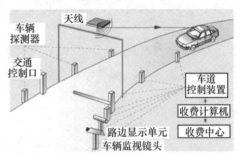

图10-8　汽车无人驾驶场景

随着生物科技的发展，人与汽车的距离将被大大拉近，人与汽车之间的沟通也将更加畅通，甚至，汽车将成为人体的一部分。图10-9所示是LA Design Challenge 中马自达的名为MotoNari RX 的设计作品，其概念定位在2057年。这部MotoNari RX 把人与车辆紧密结合成为一体，透过驾驶人的精神力来控制车，通过具有数百万个细微马达的神经感知触膜，可令肌肉受到特殊的电刺激，从而实现控制。整个结构100%由微管造型碳合金以光电衣服的形式编织而成，其外观造型就像来自外星空间的智能金属生物，夸张地表现了未来科技主题的概念汽车设计。

发展新能源汽车是对百年来汽车动力技术最重要的变革，是对汽车工业长足发展的巨大驱动力，在发展和前进的道路上会遇到各种各样的困难。但无论遇到什么样的困难和问题，我们都必须要想明白，都必须要看清楚，这些困难是发展中的困难，这些问题是前进中的问题，发展新能源汽车是汽车工业发展的必由之路，还需要政策上的引擎、技术上的突破、成本上的降低、市场上的拓展。只要我们坚定信念，就一定能够克服各种困难和破解各种难题，就会抢占发展新能源汽车的先机，就会走在全球新能源汽车工业的前列。

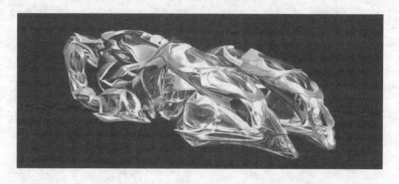

图 10-9　马自达 MotoNari RX 概念汽车

参 考 文 献

[1] 节能与新能源汽车技术路线图战略咨询委员会，中国汽车工程学会．节能与新能源汽车技术路线图［M］．北京：机械工业出版社，2016．

[2] 日本自动车技术会．汽车工程手册 10 新能源车辆设计篇［M］．北京：北京理工大学出版社，2014．

[3] 中国汽车技术研究中心，日产（中国）投资有限公司，东风汽车有限公司．新能源汽车蓝皮书［M］．北京：社会科学文献出版社，2017．

[4] 中国汽车技术研究中心，日产（中国）投资有限公司，东风汽车有限公司．新能源汽车蓝皮书［M］．北京：社会科学文献出版社，2016．

[5] 孙逢春，张承宁，祝嘉光．电动汽车——21 世纪的重要交通工具［M］．北京：北京理工大学出版社，1997．

[6] 王震坡，孙逢春，刘鹏．电动汽车原理与应用技术［M］．北京：机械工业出版社，2014．

[7] 何洪文，等．电动汽车原理构造［M］．北京：机械工业出版社，2012．

[8] 倪光正，倪培宏，熊素铭．现代电动汽车、混合动力电动汽车和燃料电池车——基本原理、理论和设计［M］．2 版．北京：机械工业出版社，2010．

[9] 林程．纯电动及混合动力汽车设计基础［M］．2 版．北京：机械工业出版社，2012．

[10] 赵振宁，王惠怡．新能源汽车技术［M］．北京：人民交通出版社，2013．

[11] 陈清泉，孙逢春，祝嘉光．现代电动汽车技术［M］．北京：北京理工大学出版社，2002．

[12] 李晓华．新能源汽车技术发展的挑战、机遇和展望［M］．北京：机械工业出版社，2011．

[13] 唐杰，杨沿平，钟志华，等．概念汽车开发［M］．北京：机械工业出版社，2009．

[14] 张金柱．新能源汽车技术［M］．北京：机械工业出版社，2014．

[15] 王震坡，孟祥峰．插电式混合动力电动汽车开发技术［M］．北京：机械工业出版社，2010．

[16] 赵航，石广奎．混合动力电动汽车技术［M］．北京：机械工业出版社，2012．

[17] 康龙云,胡习之. 生态能源电动汽车的构造原理与设计制作 [M]. 西安:西安交通大学出版社,2010.

[18] 康龙云,余开江. 新能源汽车技术及未来 [M]. 北京:科学出版社,2010.

[19] 李瑞明. 新能源汽车技术 [M]. 北京:电子工业出版社,2014.

[20] 曹殿学,王贵领,吕艳卓,等. 燃料电池系统 [M]. 北京:北京航空航天大学出版社,2009.

[21] 邹政耀,王若平. 新能源汽车技术 [M]. 北京:国防工业出版社,2012.

[22] 崔胜民. 新能源汽车技术 [M]. 2版. 北京:北京大学出版社,2014.

[23] 刘邠,侯明月. 新能源汽车大讲堂 [M]. 北京:人民交通出版社,2011.

[24] 胡骅,宋慧. 电动汽车 [M]. 3版. 北京:人民交通出版社,2012.

[25] 陈清泉,孙逢春. 混合电动车辆基础 [M]. 北京:北京理工大学出版社,2001.

[26] 张军,等. 汽车节能技术 [M]. 北京:机械工业出版社,2014.

[27] 陈全世,等. 先进电动汽车技术 [M]. 2版. 北京:化学工业出版社,2013.

[28] 崔胜民,韩家军. 新能源汽车概论 [M]. 北京:北京大学出版社,2011.

[29] 王文伟,毕荣华. 电动汽车技术基础 [M]. 北京:机械工业出版社,2010.

[30] 陈全世,仇斌,谢起成,等. 燃料电池电动汽车 [M]. 北京:清华大学出版社,2005.

[31] 安东尼·所左曼诺夫斯基. 混合动力城市公交车系统设计 [M]. 何洪文,译. 北京:北京理工大学出版社,2007.

[32] 李兴虎. 混合动力汽车构造与原理 [M]. 北京:人民交通出版社,2008.

[33] 松本廉平. 汽车环保新技术 [M]. 曹秉刚,康龙云,贾要勤,等译. 西安:西安交通大学出版社,2005.

[34] 徐国凯,赵秀春,苏航. 电动汽车的驱动和控制 [M]. 北京:电子工业出版社,2010.

[35] 陈全世. 先进电动汽车技术 [M]. 北京:化学工业出版社,2007.